秘密耳語之
怪獸圖鑑

煙囪精靈 繪圖　**張清龍** 文字　**王登鈺** 原作

STORY
秘密耳語
的世界

薩奮古魯半島上有條由汙染毒物及血肉匯聚成的河流，貫穿了相連的兩國——上游的「鐵丸國」，亦即秘密所在的國家；和下游擁有諸多生化怪獸的「綠藤斯坦」。

河流不僅切割出河道山谷和永遠無法癒合的傷口，還孕育了沿岸的變種動植物與畸形兒，以及無數次的怪獸侵略、造成數不盡的廢墟和煙塵。

「綠藤斯坦」和「鐵丸國」交戰多年，雙方仇恨盤根錯節、無法可解。兩國間歷來有過無數次重大戰役，其中較知名的有：拜法姆大戰、泥地森林決死戰役、血洗沙原市、投票日登陸偷襲戰……等。每一場戰事都造成雙方巨大傷亡損失，周遭國家雖偶被戰火波及，卻多半抱著趨吉避凶的心態息事寧人、退避三舍，使得兩國猶如被包覆在真空泡泡中獨自血戰，與世界保持距離。

鐵丸國總是扮演受害者，在國際組織中控訴綠藤斯坦歷年來派出近百隻巨大怪獸侵略該國，使得鐵丸國死傷慘重，人口銳減六十幾萬，且損失的多半是青壯年，導致人力短缺，使得國民生產毛額低於百

之二點一，而剩餘的老人和幼童則因為惟恐戰爭而足不出戶，導致國民消費意願暴跌，連帶使得內需低落造成景氣不振、經濟衰退。

另有研究指出，自從鐵丸國制定「怪獸殘餘利用法」後，該國婦女的死傷數竟然較從軍男性還高。此法案源自於綠藤斯坦的怪獸入侵被擊敗後，智慧深遠的領導人發現與其將怪獸屍體丟棄（老實說也無處可丟），不如當成糧食讓國民吃掉。

鐵丸國原本就因科學工業的高度發展使得可耕作的農業用地若非被汙染就是被徵收為工業用途，造成量食短缺，如今這項政策正好能解決此一窘境。由於許多美食廚藝家致力開發、努力推廣怪獸肉的美味食譜，各種怪獸肉類及附屬器官意外受到主婦們瘋狂歡迎，甚至常在戰役未結束前就上街守候以搶購，導致常有主婦因躲避不及而有傷亡。

然而世事真相難辨，總不免有兩派說法。另一派的報導指出，原本天然資源豐沛的綠藤斯坦於聯合國指控鐵丸國才是加害人，鐵丸國的各種工業汙染物排放至兩國共同賴以維生的河流，下游的綠藤斯坦不僅環境生態受到巨大衝擊，甚至使該國原本可用的資源變得骯髒有毒。幾番抗議斡旋未果，全國人民已面臨生死存亡關頭，實在迫不得已才藉由該國先進的生化科技培養出各種怪獸。其實最初真誠的意圖只在於以戰止戰，希望阻止上游的汙染。

但同時有秘密管道傳出消息，表示事情並非如該國所聲稱的這麼單純，雖未被證實，但此消息指出，綠藤斯坦向亞洲恐怖組織輸出怪獸，原因是該組織策劃過多起恐怖爆炸案件，但破壞恫嚇效果不如預期。於是暗中付出高價，針對攻擊目標來量身訂製怪獸，作為未來恐怖攻擊行動之用，而綠藤斯坦也因輸出怪獸的豐厚收入，挽救了國內經濟，因而積極開發怪獸，並透過黑市掮客向各國或非法組織招收訂單。

看似受害的鐵丸國，傾全國三分之一預算開發出秘密人型超兵器，表面上看似被動防禦怪獸侵襲，但是幾年前也偶有傳聞該國主動突擊跨越國界。許久之前，鐵丸共和軍團的陣地曾發生過一次非常神祕的巨大爆炸，造成原因及損傷不明。

而綠藤斯坦在資源逐漸枯竭卻繼續榨取消耗的情況下，似乎有陰謀在暗處醞釀……

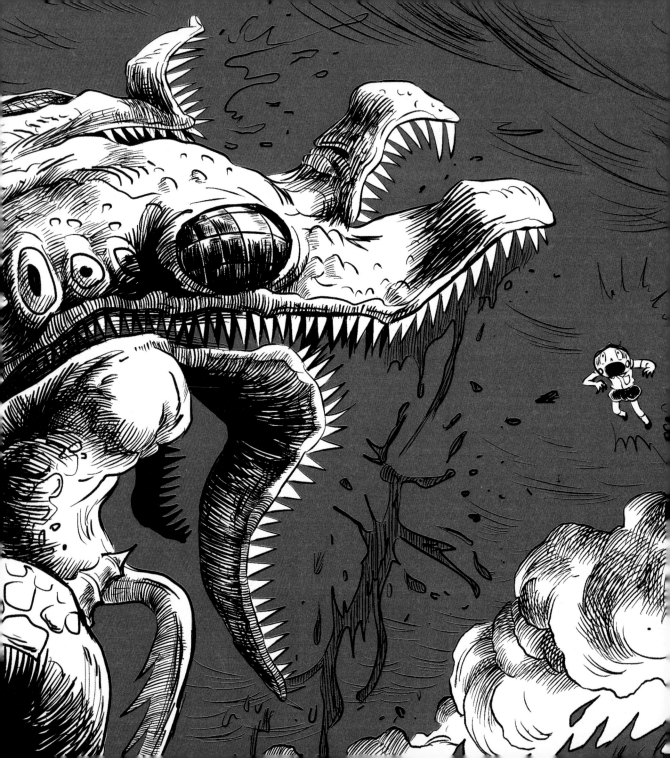

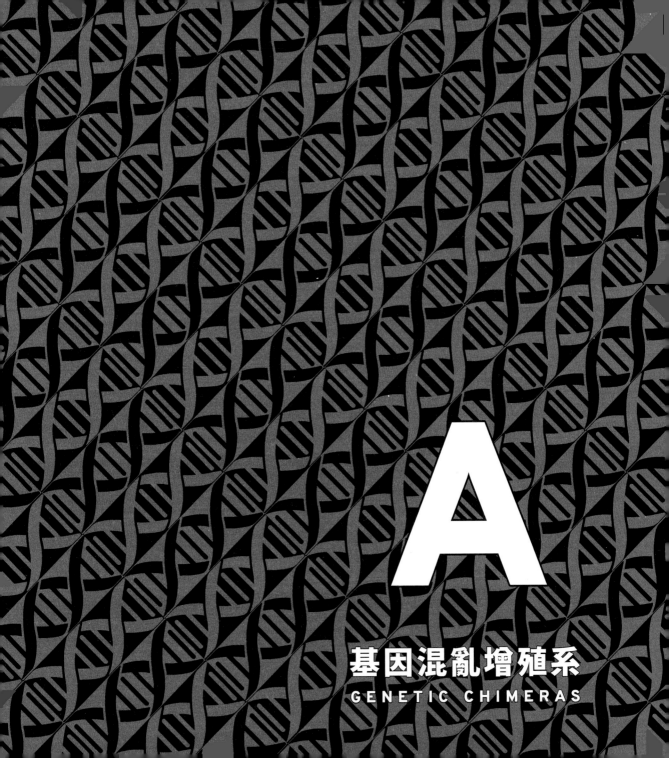

A

基因混亂增殖系

GENETIC CHIMERAS

基因混亂增殖研究院副院長沙寇列奇儘管有著人類的外皮，但究竟是否為人，仍是個謎。沙寇列奇聲稱他和外星同伴奉「宇宙秩序稽核總部」之命來地球蒐集生物樣本並調查人類文明。

考查結束該離開地球回母星時，沙寇列奇因受未見過的物種吸引耽擱，未及時搭上母船，卻目睹太空船升空時被墜落的殞石擊中爆炸！

沙寇列奇不得不易容混進人類世界，研究返回母星的方法。他遇上女科學家烏剛妮，烏剛妮深信沙寇列奇的說詞，決定協助他找尋回宇宙的方法。

烏剛妮對於外星人有著接近宗教般的熱情，她發現

沙寇列奇確實擁有許多異於地球科技的新穎概念。基於好奇和對知識的貪婪，烏剛妮暗地抽取沙寇列奇的基因進行實驗，最終將其基因和自己重組，讓自己外表變成半外星半人類，她十分滿意這個在常人眼中醜陋的模樣。

沙寇列奇原本對基因被竊十分憤怒，但是烏剛妮對於自己新容貌的喜愛和自信勾起沙寇列奇內心某種思鄉的溫情，兩人和解，並聯手把技術轉用在基因轉殖食品和基因改造動物上。兩人販賣研究成果給商業機構獲取鉅額利益和名聲，進而被軍方看上，力邀兩人設立研究機構，開發以基因改造為本的怪獸製造單位，「基因增殖研究院」因此誕生。

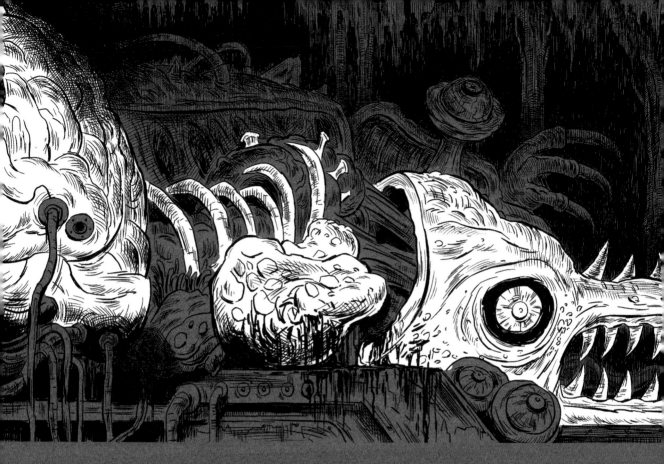

基因增殖研究院設有四處二室。最前端的「策略研究處」決定基改生物的方向與需求，除了生物專家外，還有神話學者和民俗研究專家，甚至包括專責視覺呈現的藝術家，為每次討論結果勾勒概念圖。

「開發處」有六十多位專精分子生物技術的科學家，負責將生物基因合併轉移到其他物種，改造遺傳物質，改變生物外表與身體機能，達到再造生物。

「產業移轉處」除了負責軍方工作外，也與民間商業機構往來，經常舉辦展示會，將研究成果推銷給民生市場、養殖業、農民，以及食品加工業，這些重要客戶可說是基因增殖研究院最大的獲利來源。

而人事統籌的部分由「行政管理處」掌管，此單位多半是軍方派遣過來的人員擔任，因此被其他部門的同事戲稱為軍紀處。處外的兩室，分別是負責對應媒體的「公共關係室」，以及資金運用調度的「財務室」。

由於沙寇列奇不宜高調，院長的職位便由烏剛妮擔任，沙寇列奇則作為副院長。兩人聯手開發出一系列基因改造怪獸，怪獸的本體來源取自大自然：動物、植物、昆蟲，甚至是絕症患者，都在取材範圍內。絕症患者來源多為自願者，雖然知道自己的肉體會變成怪獸，但此舉能夠擺脫病痛折磨，因此自願者數量一直很穩定。

NAME 名稱	HEIGHT 高度	WEIGHT 重量
地獄妖花獸 GECH-M01	81 m／公尺	51 mt／噸

系 譜 基因混亂增殖系

成分分析｜蠅葉素、綠氮黑、磷酸毒鈣　**必殺武力**｜口中會吐出能分泌黏液的西瓜子，速度快又數量龐大，被擊中卽會被黏液包覆並溶解　**弱點**｜過量的肥料，讓牠過度發育，因攝取不到足夠的食物而餓死

綠色環保組織的負責人，為環保問題不時槓上黑心財團，是許多旣得利益者的眼中釘，他心知肚明自身的處境，早立好遺囑，將來要是出意外，身體就捐給基研院，但條件是把他和他最愛的植物——捕蠅草的基因結合。沒想到不久後真的遭人所害，基研院接手後，便盡一切努力幫他改造成地獄妖花獸。

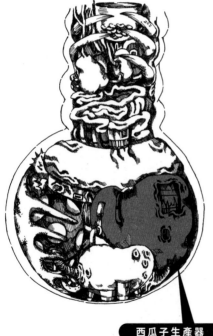

**黏液組織
彈性裝置**

可以控制黏液的
釋放量與濃稠度。

西瓜子生產器

只要透過光合作用，便能
源源不絕生產西瓜子，是
最環保也最恐怖的武器製
造部位。

NAME 名稱	HEIGHT 高度	WEIGHT 重量
GECH-M02 **利利割怪蟲**	**59** m／公尺	**99** mt／噸

系譜 **基因混亂增殖系**

成分分析｜花綠素、氮、磷酸3重素

必殺武力｜發出讓人神經衰弱的嗡嗡聲，再用超音波震動的大馬士革鐮刀砍殺對方

弱點｜將DDT殺蟲劑加入腐爛食物中，當牠在產卵時，便會沾上DDT毒發死亡

捉昆蟲達人應寵物店之邀，去到邊境山區想找一些奇怪又獨特的蟲子來辦展，但達人一路運氣不佳，沒什麼斬獲，就在要放棄時耳邊傳來嗡嗡聲，轉頭一看竟然有隻超巨大的蒼蠅在不遠處，目測有五十幾公分，真的嚇死人！達人立刻忘掉寵物店之邀，聯絡基研院來處理，基研院則將牠改造成利利割怪蟲。

超音波震動的大馬士革鐮刀，鋒利無比，就算是貨櫃車也如豆腐一般毫無招架之力。

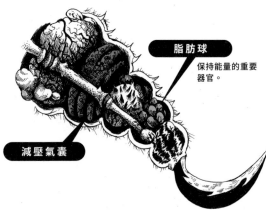

脂肪球
保持能量的重要器官。

減壓氣囊

亞馬遜巨人時鳥蛛

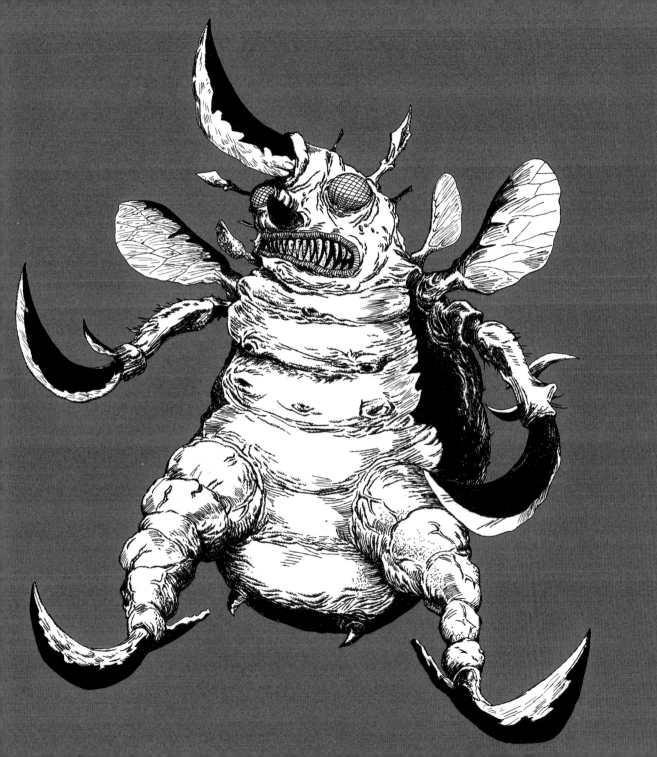

NAME 名稱	HEIGHT 高度	WEIGHT 重量
ꓫꓮꓫ **刺勾海棘星** GECH-M03	**61** m／公尺	**100** mt／噸

系譜 | 基因混亂增殖系

成分分析｜蛋白超合金、嘌呤、塑膠微粒　**必殺武力**｜身體除了核心部分，其他都可以分裂生殖，或是斷部重生，成爲難以打倒的對手　**弱點**｜烈焰

海研中心收到情報，濱海區退潮時出現大量海星！於是前去調查，找到的海星比一般海星大上許多，而且解剖後發現海星似乎有類似腦的構造！就得到的資料判斷，可能與鄰國工廠偷排放的大量廢水汙染有關。

潛伏在海底，等待生物經過便大口咬下，一個不留。

喜歡躲藏在巨型海草間。

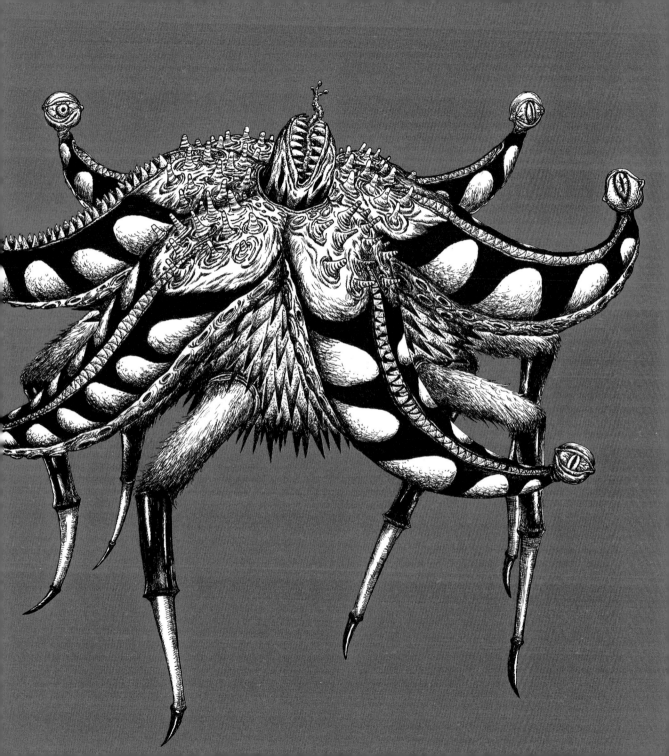

NAME 名稱	HEIGHT 高度	WEIGHT 重量
⚛ 刺星獸 GECH-M04	66 m／公尺	105 mt／噸

系譜 基因混亂增殖系

成分分析｜蛋白質、膠質、碳水化合物　**必殺武力**｜可全方位無死角迅速移動，搭配眉心吐出的毒墨汁讓對手失去視力，再一口咬死對方　**弱點**｜用 5800 伏特電擊眼球，使牠喪失分辨敵我的能力

近期小漁村的漁獲，像是近海的魚類、貝類和螃蟹等生物，都大量減少。漁民生計快出問題了，便找上海研中心求助，海研中心派出潛水員調查，一開始沒有任何異狀，沒多久卻發現一隻超大章魚在瘋狂捕食，顯然牠就是漁獲短少的罪魁禍首。

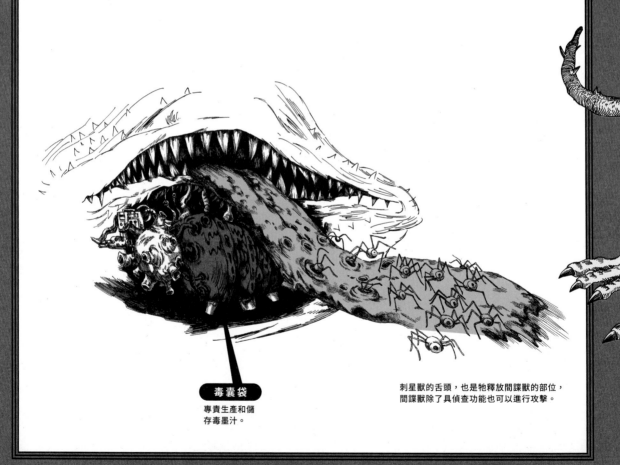

毒囊袋
專責生產和儲
存毒墨汁。

刺星獸的舌頭，也是牠釋放間諜獸的部位，
間諜獸除了具偵查功能也可以進行攻擊。

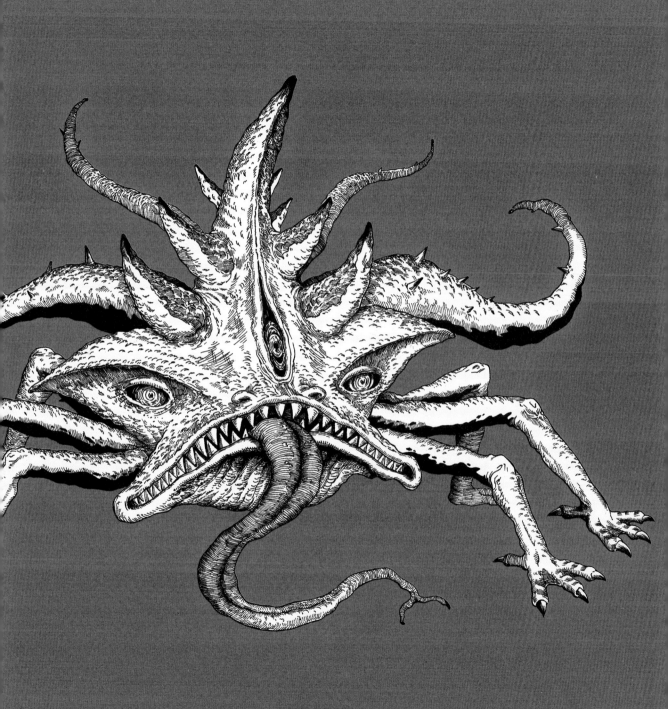

NAME 名稱	HEIGHT 高度		WEIGHT 重量	
GECH-M05 **破裂元帥**	**69**	m／公尺	**100**	mt／噸

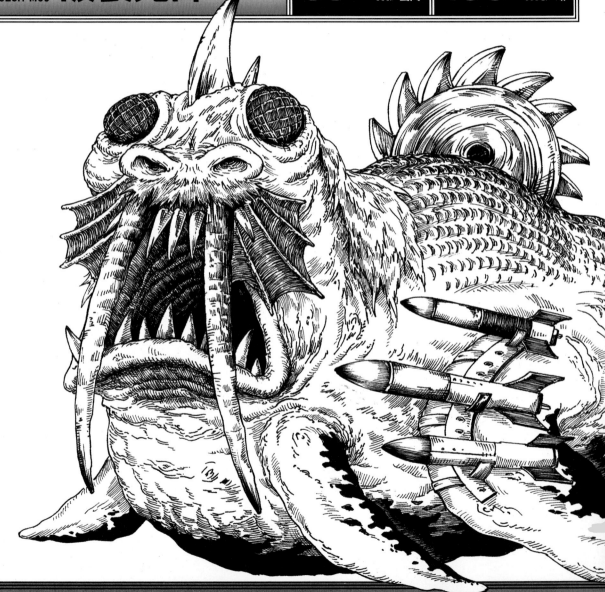

系譜 基因混亂增殖系 **成分分析**｜植物性脂肪、橡膠質、鈣化鐵、磷肥質 **必殺武力**｜身上飛彈除了一般炸藥威力外，還含有超濃酒精，會讓人急性酒精中毒 **弱點**｜酸性水爆彈，會中和體內酒精，使身體機能混亂導致自爆

專責照顧海象的動物園飼育員，表現優異獲表揚，但也因忙於工作而冷落女友，被甩後陷入憂鬱。一日下班後帶酒到園裡，與海象喝起酒來，海象喝嗨後把飼育員頂到水裡要戲水……結果隔天成了浮屍，嚇壞大家。經過監視器影片確認，是飼育員喝酒引起，而海象也酒精中毒。

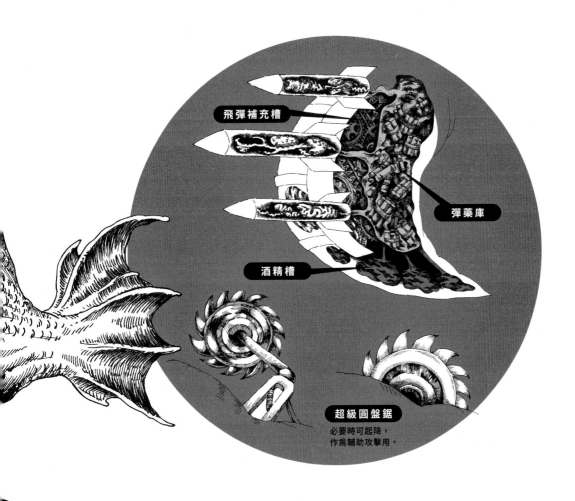

飛彈補充槽

彈藥庫

酒精槽

超級圓盤鋸
必要時可起降，
作為輔助攻擊用。

NAME 名稱	HEIGHT 高度	WEIGHT 重量
〤〤〤 GECH-M06 猛加烈蟲獸	68 m/公尺	96 mt/噸

系譜 **基因混亂增殖系** **成分分析**｜毛蟲蛋黑素、膠油質、鋼鐵灰鈣 **必殺武力**｜吐出金鋼絲把敵人困住，再一口咬死對方 **弱點**｜烏鴉膽囊所分泌的酵素

喜歡蜘蛛人的阿宅，老幻想自己被蟲子咬到後獲得特殊能力，不過一直沒發生。最近聽到邊境山區有怪生物出沒，他便去試試，還真的找到一隻特大毛蟲，他想說當蝴蝶人也行，就生吃了牠，接著除了想吐之外也沒發生異變，但入夜後卻全身脫皮，送醫也沒用，只能通報基研院，這下真的有特殊能力了。

超彈性裂嘴可以極度伸展，就算要張大到吞下一幢大高樓也難不倒牠。

猛加烈蟲獸有個小小的興趣，牠會去路上挑車多的時候玩踩車子，然後欣賞交通大亂，覺得好玩。

NAME 名稱

GECH-M07 輻射蛤重型堡壘

HEIGHT 高度
70 m／公尺

WEIGHT 重量
125 mt／噸

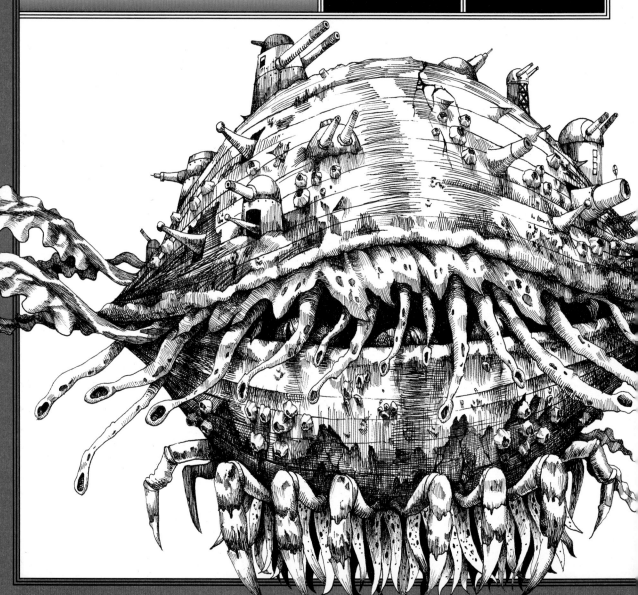

系 譜 基因混亂增殖系 　**成分分析**｜塑膠質、雪脂肪、鋼鐵化合物、碘、維生素、胺基醋酸、牛磺酸　**必殺武力**｜能夠在幾秒內連環射出威力強大的海水砲彈，讓敵人閃躲無方　**弱點**｜噴射大量乾燥劑使怪獸軟組織脆裂

反核團體懷疑濱海區核電廠排放汙染廢水，但苦無證據，於是請了海洋生物專家來找出真相。專家循線找到可疑的巨大管路出口，有隻 2 公尺大的蛤蜊，一檢測竟有 12 萬貝克（輻射單位）公斤的汙染。這個鐵證成立後，蛤蜊被悄悄送到基研院去，改造成更巨大的重型堡壘。

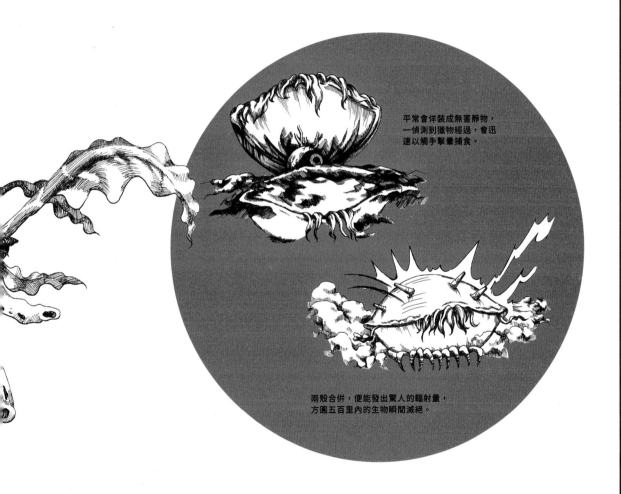

平常會佯裝成無害靜物，一偵測到獵物經過，會迅速以觸手擊疊捕食。

兩殼合併，便能發出驚人的輻射量，方圓五百里內的生物瞬間滅絕。

NAME 名稱

GECH-M08

超低溫輻射獸

HEIGHT 高度
13
m／公尺

WEIGHT 重量
16
mt／噸

系譜 基因混亂增殖系　　**成分分析**｜蛋清甜味素、全脂膠化物、火碳化合物、胺基酸、牛磺酸　**必殺武力**｜發射急凍光線冰凍敵人，再加以催毀　**弱點**｜高溫熱烤

黑心食品工廠的管線有汙染物排出，負責處理的員工被外溢毒藥汙染卻不自知，回家後他的狗如往常熱情迎接，身上的跳蚤卻順勢跳到主人身上吸血。過了一段時間，跳蚤突然巨大化，變得比狗還大，嚇得主人趕忙求救。基研院將其帶回改造成超低溫輻射獸。

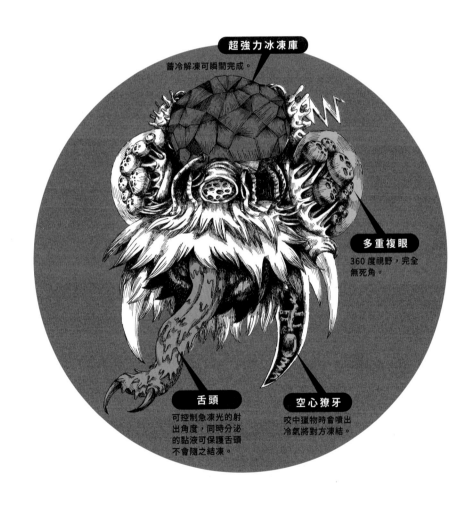

超強力冰凍庫
蓄冷解凍可瞬間完成。

多重複眼
360 度視野，完全
無死角。

舌頭
可控制急凍光的射
出角度，同時分泌
的黏液可保護舌頭
不會隨之結凍。

空心獠牙
咬中獵物時會噴出
冷氣將對方凍結。

NAME 名稱	HEIGHT 高度	WEIGHT 重量
⋈⋈⋈ 熔岩魔獸 GECH-M09	57 m／公尺	90 mt／噸

系譜 **基因混亂增殖系**

成分分析｜熔岩焦質、骨灰質、碘、雙寧酸　**必殺武力**｜吐出高熱岩漿，可以融毀一切並放出有毒氣體　**弱點**｜寒冷氣流會使熔岩魔獸進入休眠，可趁機將其解體，摘除有毒器官之後食用，肉質鮮美

海研中心獲報，發現可以耐300度高溫的螃蟹，是真正「煮不死的螃蟹」，便派潛水員去到海底火山噴口，果然找到不畏高溫的怪蟹，檢驗後確定是鄰國採礦場排放廢水造成汙染所引起的。

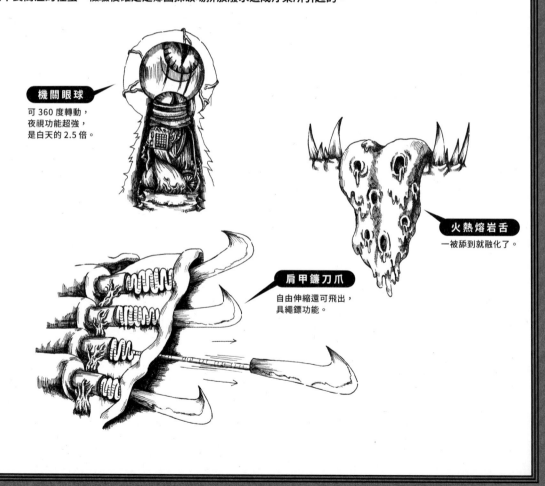

機關眼球
可360度轉動，
夜視功能超強，
是白天的2.5倍。

火熱熔岩舌
一被舔到就融化了。

肩甲鐮刀爪
自由伸縮還可飛出，
具繩鏢功能。

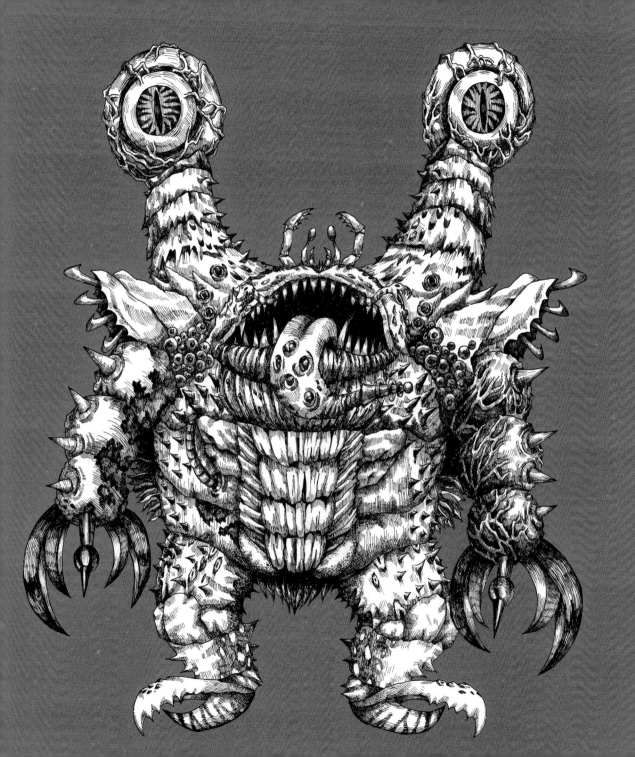

NAME 名稱	HEIGHT 高度	WEIGHT 重量
⋈⋈ GECH-M10 **電噬毒葵獸**	**55** m／公尺	**108** mt／噸

系譜 基因混亂增殖系　**成分分析**｜橡膠蛋白、蘇灰鐵、塑膠微粒　**必殺武力**｜噴出癱瘓毒液，然後施以強力電擊，再將對手吃掉　**弱點**｜鹼性肥皂飛彈，射入其體內使共生微生物死亡，本體也會因此瓦解

邊境小漁港的海產店，以油炸海葵聞名，但最近卻貨源短缺，因爲傳說有巨型海葵會攻擊人，所以沒人敢去抓。基研院得到消息後迅速派人去把海葵捕回，一檢查果然又是鄰國排放大量農藥汙染水域，造成生物異變，於是順水推舟讓這巨大海葵變成護國怪獸：電噬毒葵獸。

觸手會分泌毒液，
對手一觸碰便會麻痺。

亞馬遜電鰻是電噬毒葵獸
最愛的零嘴。

儲電囊
充沛的電能製造
儲藏處。

視力驚人，可看見
幾十公里外的獵物。

毒舌箭　有繩鏢功能，200公尺長，
命中後再迅速捲回獵物。

NAME 名稱	HEIGHT 高度	WEIGHT 重量
GECH-M11 奪命連環蟹	55 m／公尺	78 mt／噸

| 系譜 | **基因混亂增殖系** | **成分分析** 甲殼酸素、蝦藍素、半鈣、溴磷、鋅、鐵 | **必殺武力** 下出成千上萬的小螃蟹，爬到敵人身上後就爆炸 | **弱點** 抗生素能削弱其奪命慾望，最後讓牠無趣地殺死自己 |

海邊傳出有怪蟹傷人，相關單位趕忙宣導，要民眾少去海邊免生意外。不過愚蠢情侶一樣要在海邊耍浪漫，引來大量螃蟹圍攻，兩人邊逃跑邊呼救，最後是眾人一起把螃蟹統統抓起來，送到基研院改造成奪命連環蟹。

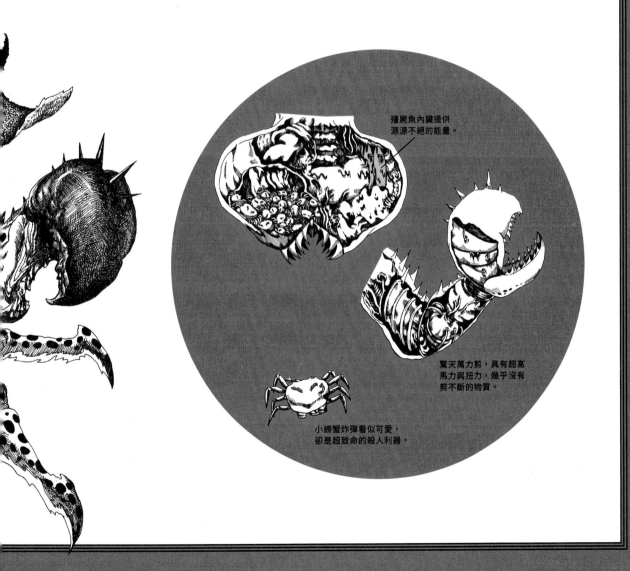

殭屍魚內臟提供源源不絕的能量。

驚天萬力剪，具有超高馬力與扭力，幾乎沒有剪不斷的物質。

小螃蟹炸彈看似可愛，卻是超致命的殺人利器。

NAME 名稱	HEIGHT 高度	WEIGHT 重量
瘋咬君王 GECH-M12	**60** m／公尺	**65** mt／噸

系譜 **基因混亂增殖系** | **成分分析** | 獠牙質、膠原蛋黃、彈性蛋白、防彈脂肪、碳水化合物 **必殺武力** | 攻擊對手時會五張嘴一起開咬，敵人怎麼避都避不開 **弱點** | 餵食大量香蕉使牠內分泌道變興奮，導致五個嘴巴互咬，自我毀滅

爲了挪用經費，貪汙的動物園園長暗自向鄰國購買便宜的飼料來餵食園中大象，不料一日大象忽然發瘋攻擊飼養員與遊客，造成十幾人死亡。一番折騰後將大象制伏，化驗後確定是受汙染的毒飼料引起，爲要對社會大衆有所交代，法院判貪汙園長與大象進行合併改造，以瘋咬君王來報效國家。

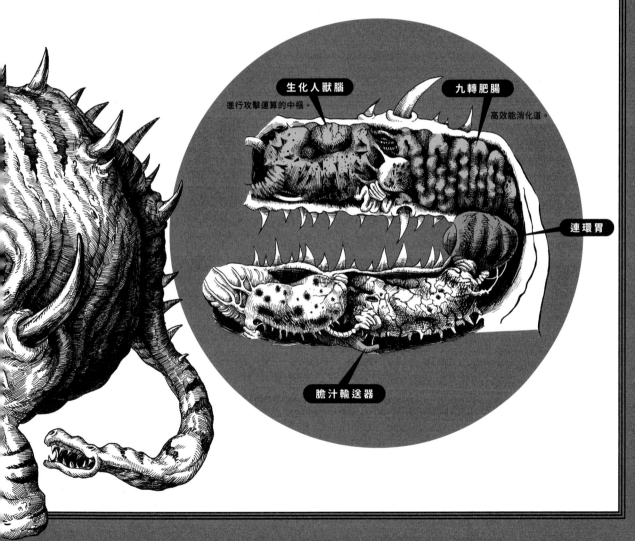

生化人獸腦
進行攻擊運算的中樞。

九轉肥腸
高效能消化道。

連環胃

膽汁輸送器

NAME 名稱

GECH-M13 **虹蟲蝠獸**

HEIGHT 高度 **63** m／公尺

WEIGHT 重量 **88** mt／噸

系譜 | **基因混亂增殖系** | **成分分析**｜膠原醋酸、毒蛋液、碳黑超合金 　**必殺武力**｜尾刺跟厲牙都具有強烈毒性，更恐怖的是，如果被攻擊受傷，牠的血液還會傳播病毒 　**弱點**｜氮氣加上 DDT

知名電視節目主持人，熱愛圈養動物，特別是養了外號魔鬼魚的魟，讓他出盡風頭。一日他酒醉跳進泳池想與魟魚共游，不料卻被魟魚尾刺刺到，搞得差點沒命。基研院將其加上蝙蝠與十八種昆蟲的基因，改造成魟蟲蝠獸。

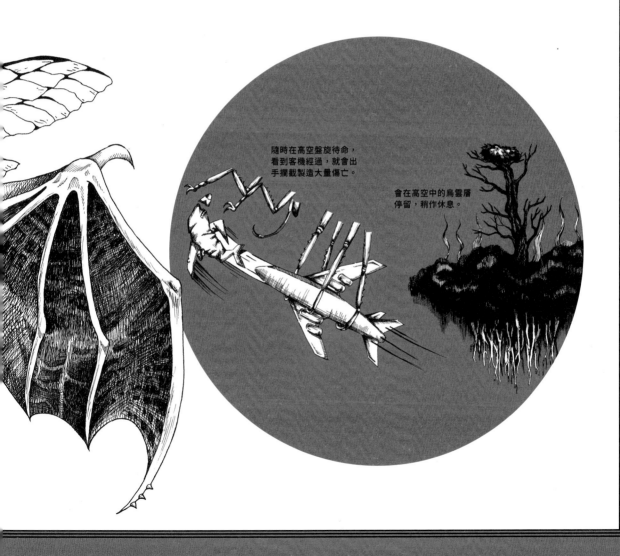

隨時在高空盤旋待命，看到客機經過，就會出手攔截製造大量傷亡。

會在高空中的烏雲層停留，稍作休息。

NAME 名稱	HEIGHT 高度	WEIGHT 重量
GECH-M14 豬籠草毒蛾獸	67 m／公尺	99 mt／噸

系譜 基因混亂增殖系 **成分分析**｜葉暗黑素、金鋼絲、碳火化合物、胺基酸 **必殺武力**｜散播毒粉讓敵人過敏，噴嚏打不停無力戰鬥，之後再給予致命一擊 **弱點**｜強光、超高濃度辣椒提煉成的粉末

為協助農家處理蛾害，基研院利用其基因工程的強項，混合發情母螳螂，製造出會把雄蛾吃掉的新品種，卻在實驗室意外被巨型豬籠草吞噬，發生化學變化，產生豬籠草毒蛾獸。

豬籠草毒蛾獸平常喜歡棲身在魔術林中。

休息時會作繭包覆自己，並散發惡臭來使人遠離。

痛恨大自然的校長，退休後喜歡帶著毒氣瓶到魔術林中搞破壞，豬籠草毒蛾獸很怕他的瘋狂舉動會傷害到自己的棲息地。

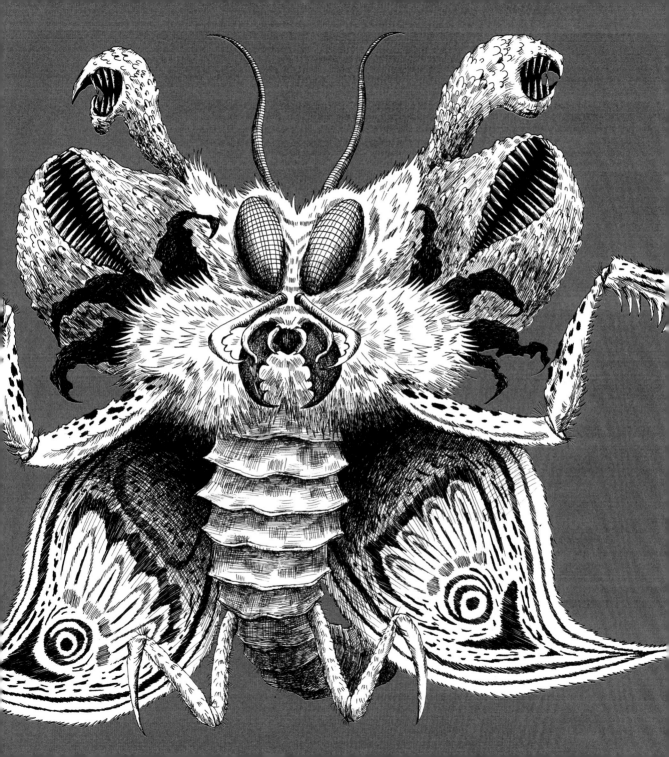

系譜 基因混亂增殖系

成分分析｜蜂香膠質、硒、鋅、鐵、銅、錳　**必殺武力**｜擅長伴裝死亡讓對手失去戒心，再趁機以流星錘突擊殺他個措手不及　**弱點**｜高溫 12000 度火烤、抹香鯨史考克

海產店老闆訂購的漁獲中，有隻特大號魷魚非常引人注意，老闆先送進冷凍庫，晚上有客人點了魷魚，老闆把特大號魷魚拿出來退冰，準備要宰殺時，特大號魷魚居然瞬間活過來，使出空手入白刃接住菜刀！消息一傳出立刻引來基研院的關注，覺得很有發展潛能，便灑大錢買下牠，改造成錘擊爆魷。

擅長捕殺烹飪魷魚的抹香鯨史考克，是錘擊爆魷的致命剋星。

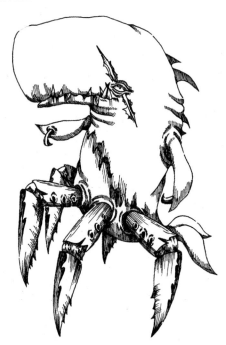

硬度超過鑽石的螺旋鑽，轉速高達一萬！是掘地遁逃的神兵利器！

NAME 名稱	HEIGHT 高度	WEIGHT 重量
✕✕✕ 鯊千刀獸 GECH-M16	63 m／公尺	88 mt／噸

系譜 **基因混亂增殖系**　**成分分析**｜三鐵甲胺氧化物、金骨膠質、酷銅蛋白、無機椒鹽　**必殺武力**｜萬噸的咬合力與無限增生的利牙，只要一咬住無人可倖免於難　**弱點**｜模擬虎鯨超音波音頻

鄰國的基因遺傳學家，捉到一種生活在海面 3000 公里以下的凶猛鯊魚，將牠改造成高智能鯊魚的活體武器。情報部獲得情報後，想方設法偷到一隻，再使用自家的技術，將這鯊魚改造成更巨大更威猛的怪獸：鯊千刀獸，讓鄰國氣到快腦衝血。

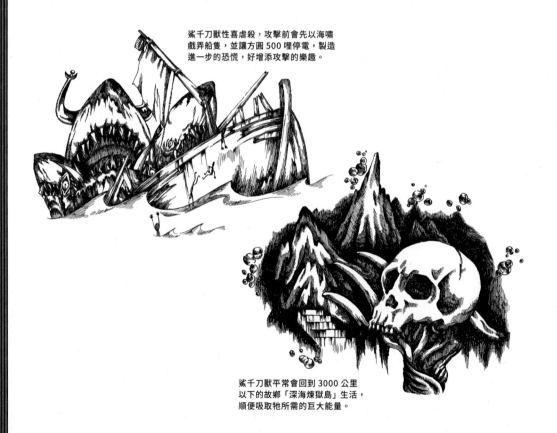

鯊千刀獸性喜虐殺，攻擊前會先以海嘯戲弄船隻，並讓方圓 500 哩停電，製造進一步的恐慌，好增添攻擊的樂趣。

鯊千刀獸平常會回到 3000 公里以下的故鄉「深海煉獄島」生活，順便吸取牠所需的巨大能量。

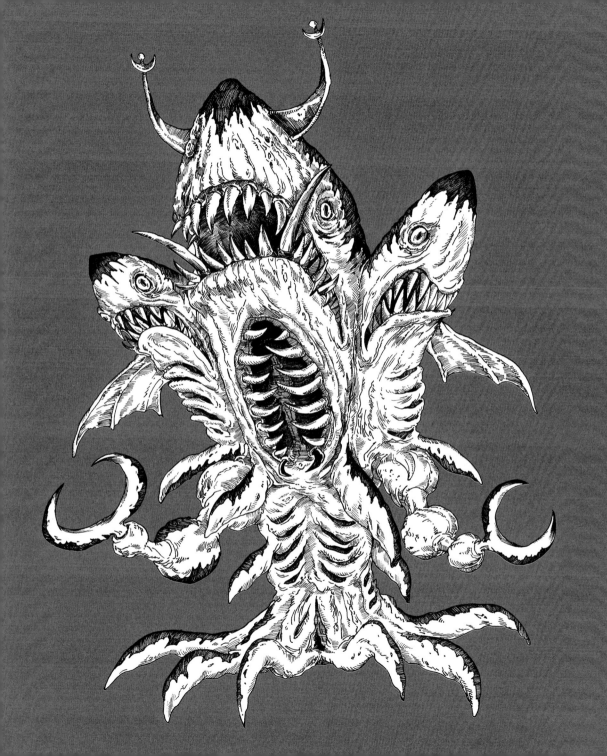

NAME 名稱

GECH-M17 蟹錨獸

HEIGHT 高度

70 m/公尺

WEIGHT 重量

100 mt/噸

系譜 **基因混亂增殖系**　　**成分分析**｜膠原蛋黃、黃葉紫素、甲殼鋼鐵質　　**必殺武力**｜全身充滿毒性，讓人一碰觸卽會過敏、刺痛，搔癢至破皮流血　　**弱點**｜利用機械蜂鳥鑽入怪獸呼吸孔，注入流感病毒，使怪獸感染後不停咳嗽，直到肺部爆裂

寵物界大亨爲了在熱門的甲蟲以外找出新的昆蟲寵物之星，找上知名昆蟲博士合作，琢磨許久後，推出一款永遠停留在幼蟲階段，不會轉變成蝴蝶或蛾的「不變態毛毛蟲」，怎料公開後嚇壞大衆，罵聲連連，爲了停損，只好將成果賣給基研院，沒多久就有了蟹錨獸的誕生。

卽使是蟲繭也具備攻擊能力，此時毒性較低，只會讓人像猴子般跳舞。

成蟲前會捕食人類來補充營養。

NAME 名稱	HEIGHT 高度	WEIGHT 重量

變態劣化蟑獸
GECH-M18

HEIGHT 高度 69 m／公尺

WEIGHT 重量 110 mt／噸

系譜 **基因混亂增殖系**

成分分析｜蛋白質、酵素、胺基酸　**必殺武力**｜排放恐懼瓦斯讓敵人陷入恐慌而無力戰鬥，無人可倖免於難　**弱點**｜滾燙廚餘會吸引牠暴食，吃下肚後高溫將引爆體內毒瓦斯而自爆

昆蟲玩家養了世上最大的犀牛蟑螂，自從買了邊境傳奇飼料店的飼料給蟑螂吃後，蟑螂的身體變得像隻小狗那麼大，智能也神進化，可與人溝通，還因此上了電視，鄰國看到後派人來搶奪蟑螂，過程中玩家傷重而亡，蟑螂機智逃走，後來連絡上基研院，自願接受改造，成為復仇怪獸：變態劣化蟑獸。

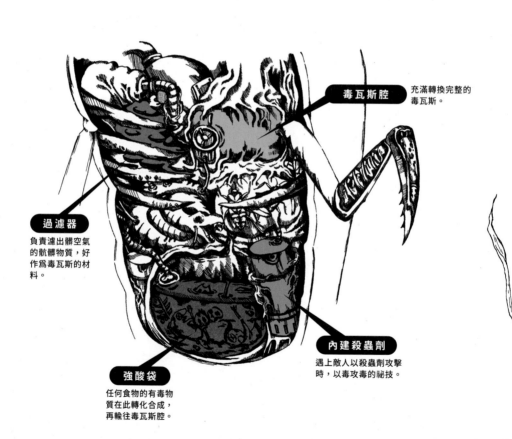

毒瓦斯腔
充滿轉換完整的毒瓦斯。

過濾器
負責濾出髒空氣的骯髒物質，好作為毒瓦斯的材料。

內建殺蟲劑
遇上敵人以殺蟲劑攻擊時，以毒攻毒的祕技。

強酸袋
任何食物的有毒物質在此轉化合成，再輸往毒瓦斯腔。

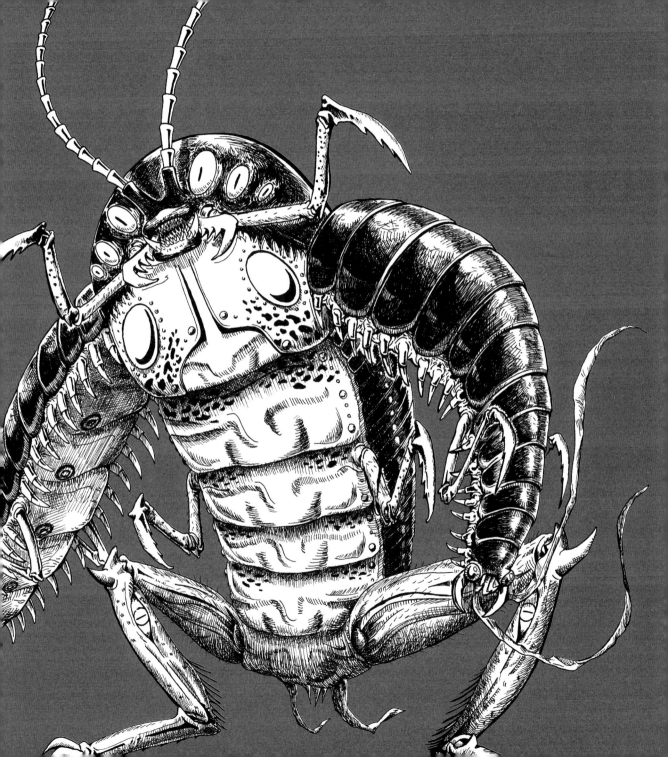

NAME 名稱	HEIGHT 高度	WEIGHT 重量
🧬 GECH-M19 **吸屍飛蟲**	**60** m／公尺	**116** mt／噸

系譜 **基因混亂增殖系**

成分分析｜屍毒、鱷魚蛋白、害蟲素　**必殺武力**｜光身上帶有濃濃屍臭已讓人受不了，加上拍打翅膀的音波震動，會直接震碎敵人的內部器官　**弱點**｜當牠的排泄器官張開時，發射飛彈射入體內

鄰國軍車趁深夜時刻到邊境的山區丟包不明廢棄物，幾天後該處出現超巨大埋葬蟲，巡山員一發現趕緊通報，接著警察、生化兵、昆蟲專家……都來了！一查是生化實驗的動物屍體造成，無疑是鄰國搞的鬼，於是基研院接手，把受汙染的埋葬蟲捉起來，改造成吸屍飛蟲回敬鄰國。

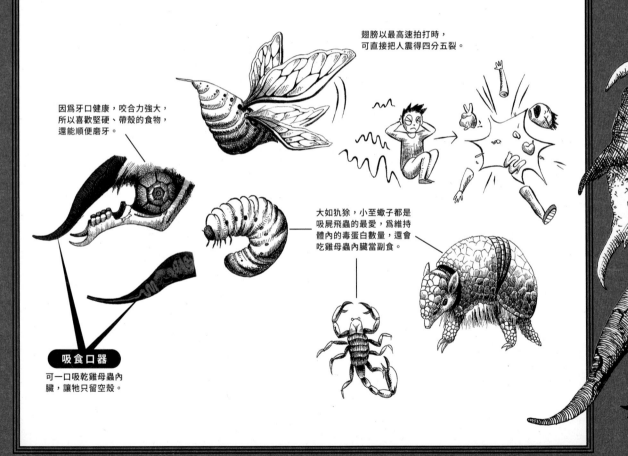

翅膀以最高速拍打時，可直接把人震得四分五裂。

因為牙口健康，咬合力強大，所以喜歡堅硬、帶殼的食物，還能順便磨牙。

大如犰狳，小至蠍子都是吸屍飛蟲的最愛，為維持體內的毒蛋白數量，還會吃雞母蟲內臟當副食。

吸食口器
可一口吸乾雞母蟲內臟，讓牠只留空殼。

NAME 名稱	HEIGHT 高度	WEIGHT 重量
GECH-M20 烈蛛怪	58 m/公尺	120 mt/噸

成分分析│維他蛋酶、龜甲花殼素、綠葉黃樟素 **必殺武力**│加入植物基因的廣口頭部，會散發誘人香氣，使對方失去意識後，再吃下肚 **弱點**│將大量雌性蜘蛛捻成泥狀物，烈蛛怪會因懼怕而逃跑

山產店老闆因專賣「油炸大蜘蛛」而遠近馳名，但由於生意太好不夠賣，為求貨源不絕，老闆找了科學家幫忙，做出基因改造的特大蜘蛛，一隻能抵十隻。但沒想到蜘蛛變大也變聰明，在老闆要宰牠時，搶先攻擊吃掉老闆，一時之間不穩定的基因便大暴走，成了驚人的大怪獸。

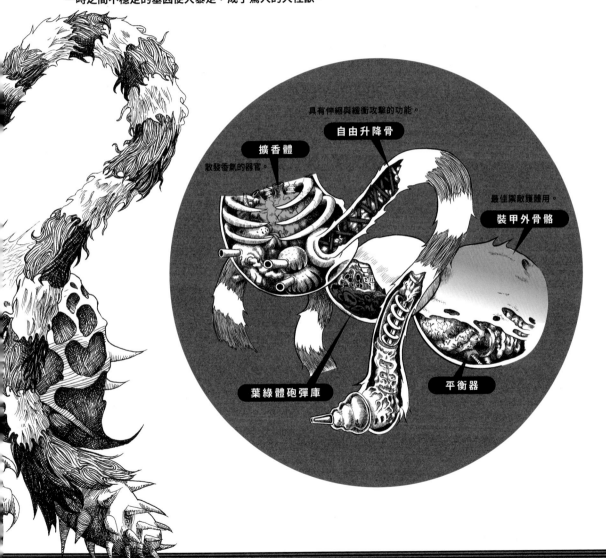

具有伸縮與緩衝攻擊的功能。

自由升降骨

擴香體

散發香氣的器官。

最佳禦敵護體用。

裝甲外骨骼

葉綠體砲彈庫

平衡器

NAME 名稱		HEIGHT 高度		WEIGHT 重量	
GECH-M21 爛泥蟾蜍怪		**64**	m／公尺	**98**	mt／噸

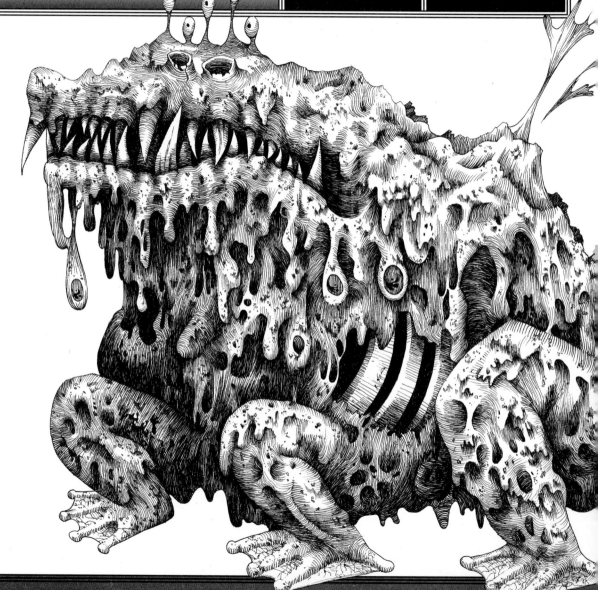

系譜 **基因混亂增殖系** 　成分分析｜巴豆素、巴拉松、汞水化合物、X毒素　必殺武力｜全身都能噴出毒液，一接觸
就會立刻失去身體機能而癱瘓　弱點｜蛇毒加上98度酒精

專替中藥行抓蟾蜍來做成中藥材「蟾衣」的達人，因為既有的蟾蜍愈來愈少，聽說邊境山區沼澤出現大蟾蜍，達人立刻趕去，很快就找到一群特大蟾蜍，只是噴的毒液超多，讓他吃不消，於是轉念將情報賣給基研院，基研院捕後一驗，又是汙染造成，便直接改造成爛泥蟾蜍怪。

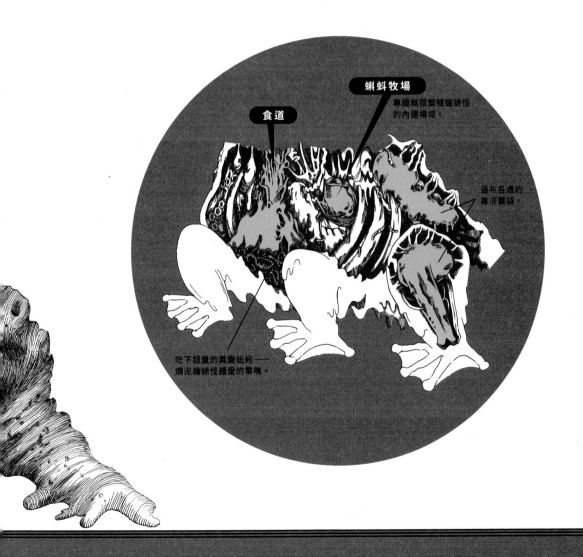

蝌蚪牧場
專職無限繁殖蟾蜍怪的內建場域。

食道

遍布各處的毒液囊袋。

吃下超量的異變蚯蚓——
爛泥蟾蜍怪鍾愛的零嘴。

NAME 名稱	HEIGHT 高度	WEIGHT 重量
GECH-M22 魔花金魚	68 m／公尺	105 mt／噸

系譜 基因混亂增殖系　**成分分析** | 魔物白質、花腐粉、碳水化合物、花紅素　**必殺武力** | 口中會吹出泡泡，獵物被泡泡封住後就會植物化再長出一朵花　**弱點** | 乾燥劑加膨鬆劑提煉物，使貪吃的金魚乾燥後膨脹成氣球，再以尖銳武器刺破

觀賞金魚大賽的冠軍居然使用禁藥，消息一出舉世譁然，冠軍得主坦承使用了邊境飼料店的飼料，才養出七彩的巨型金魚。結果不僅冠軍資格被取消，還因為詐欺罪入獄服刑，而金魚被充公沒收後，由基研院改造為魔花金魚。

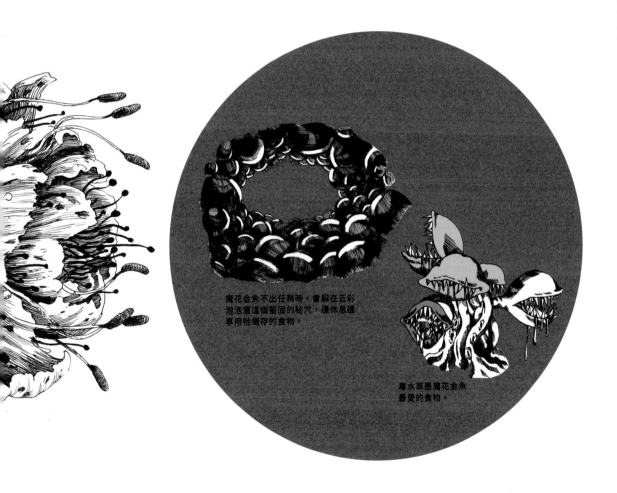

魔花金魚不出任務時，會躲在五彩泡泡窩這個堅固的秘穴，邊休息邊享用牠儲存的食物。

毒水草是魔花金魚最愛的食物。

NAME 名稱	HEIGHT 高度	WEIGHT 重量
索命怪蜂 GECH-M23	59 m/公尺	101 mt/噸

系譜 基因混亂增殖系 **成分分析**｜P膠多肽類、磷脂酶、酸類蛋黃、胺基類酸 **必殺武力**｜屁股的毒針可連續發射，一被擊中會立刻癱瘓昏迷 **弱點**｜將花粉用酒精淨化，牠恢復健康後從此飛入山林定居

蜜蜂專家正深入研究近年蜜蜂數量爲何不斷減少，同時也和基研院合作，嘗試培養新蜜蜂，來解決植物缺乏蜜蜂協助授粉的問題。一日做田野調查，發現有隻有三個屁股的蜜蜂！檢驗後確定因蜜蜂採了吸取鄰國汙染水源所長成的有毒植物之花粉。蜜蜂專家便協同基研院，將蜜蜂改造成索命怪蜂。

索命怪蜂雖然凶猛，卻不喜歡
小蒼蘭的香味，因此任何沾有
小蒼蘭香味的人、事、物，牠
都不會靠近。

翅膀是索命怪蜂最脆弱的部位，
一受損得花很長時間才能復原。

索命怪蜂於深山中築巢，
與樹林融合成一片，使人
不易察覺其所在。

NAME 名稱	HEIGHT 高度	WEIGHT 重量
〈◇〉 **軟刃伏地蜥** GECH-M24	**65** m／公尺	**77** mt／噸

系譜 **基因混亂增殖系**

成分分析｜強力角質、安全酸、狂牛毒血　**必殺武力**｜臂上的軟刃鋒利無比，任何堅硬物質都抵擋不了攻擊，而有毒的唾液只要一碰觸就會變成殭屍　**弱點**｜以熔岩電熱刀切除會再生的尾部28次，直到第29次會露出無法再生的弱點──阿洛斯特拉脊神經元，只要輕輕觸碰，就會使牠痛不欲生而死。

鄰國邊境的森林深處，有座祕密實驗室正在進行輻射照射蜥蜴的實驗，試了老半天，沒有任何變化，於是把蜥蜴關回去。不料入夜後蜥蜴卻逃跑出來，咬死警衛並鑽進他的體內！讓警衛變成殭屍，還好其他警衛及早發現，基研院找出警衛體內的蜥蜴，直接將牠改造爲軟刃伏地蜥。

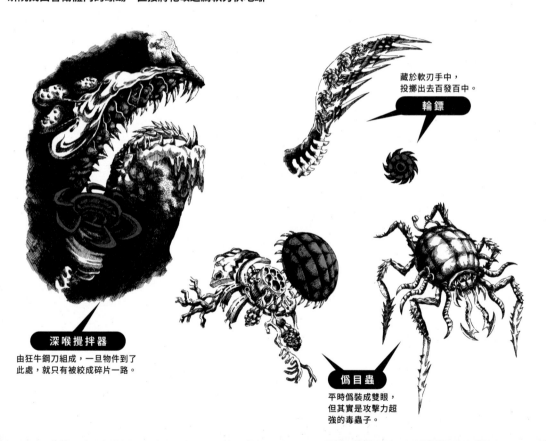

藏於軟刃手中，
投擲出去百發百中。

輪鏢

深喉攪拌器
由狂牛鋼刀組成，一旦物件到了此處，就只有被絞成碎片一路。

僞目蟲
平時僞裝成雙眼，但其實是攻擊力超強的毒蟲子。

B

異界物質結晶系
INTERDIMENSIONAL CRYSTALS

異界物質結晶研究院院長恐巴列強從小即展現對結構組合的驚人天分，十歲時已能輕易把礦物加上植物重組，改造成奇異的物種在菜市場當成寵物販售，參加科展或校外科學競賽，冠軍如囊中之物。

恐巴列強十三歲就跳級進入國立第一科學研究所就讀。他在學校一樣出盡風頭，教授們對他又愛又怕，因爲他常提出一些令敎授費解的構想，讓敎授顏面無光。恐巴列強十七歲便拿到博士學位，隨即被國內最先進的「生物結晶合成公司」延攬，成爲該公司最年輕也最高薪的工程師。

恐巴列強擅長運用「邊德里安演算法」獨特的建構方式，讓物質以結晶的形式生成與殘障者神經緊密連結的義肢，這種義肢能精準辨識大腦神經訊號，執行出幾盡完美的類人動態，甚至能訂做特別額外功能的義肢，像是融合蝙蝠翼膜或者是鴕鳥腿部的功能。此項技術間接導致全國運動會全面停辦，同時國際上也因此抵制綠藤斯坦國的運動員。

如此優秀的恐巴列強，更因爲設計的義肢解救了一位因車禍意外斷臂的美麗外科女醫師的人生和職業生涯，因而抱得美人歸！

恐巴列強的勝利組人生顯然羨煞旁人。不過人生有高低起伏，一天恐巴列強與家人聚餐，回家路上車子被大卡車由後方追撞，恐巴列強的父母及妻子皆

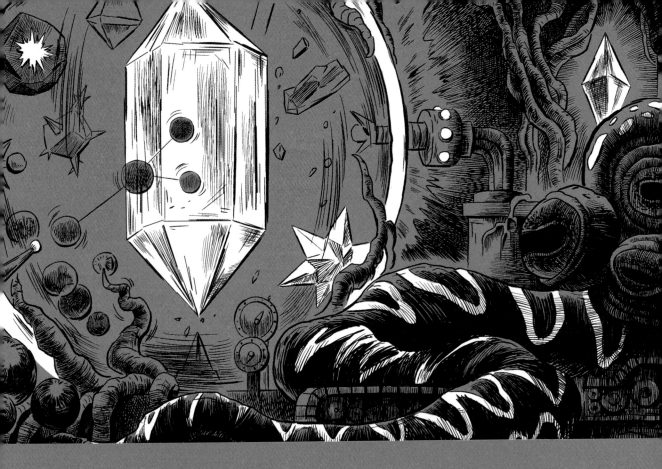

當場身亡，恐巴列強則深受重傷，手腳斷殘，頭也被鐵板削去一塊，緊急送醫手術後，四肢都換成了他自己設計的結晶義肢。

恐巴列強大難不死，車禍雖傷及外貌，但頭腦絲毫未受損，喪失摯愛的痛苦甚至讓他比車禍前更熱中研究。之後他升遷首席工程師，意外發現自己車禍原因不單純──原來由於恐巴列強太過傑出，引起敵國注意，擔心其發明若被應用在軍事武器上，將形成重大威脅。於是派員滲透，聯手忌妒他的總監布萊鐵特，藉由製造假車禍以除掉恐巴列強。

恐巴列強知道真相後，對敵國的復仇之火瘋狂燃燒。於是他將具有軍事功能的結晶技術轉移給軍

方，雙方合作後進一步擴大成立國家級的「異界物質結晶研究院」，目的是生產出混合融合各種物質的兵器。「異界物質結晶研究院」選定以犯下重罪的死刑犯為主要改造目標，因為他們別無選擇。

恐巴列強以結晶組合技術製作出來的生化怪獸讓他相當自豪，當他看到魔工院以鍊金術製造出來的巫術咒怨系怪獸總是非常不屑。有次在筵席上與魔工院院長相遇還出言挑釁，雙方對話火藥味十足，兩院暗自較勁的態勢未曾停止過。

NAME 名稱	HEIGHT 高度	WEIGHT 重量

鎌翼魔龍

INCR-M01

57 m／公尺

122 mt／噸

系譜 **異界物質結晶系**

成分分析｜超弩級合金、PVC、三聚氰胺、大蒜精華液　**必殺武力**｜超級大鎌刀，不僅削鐵如泥，還帶有劇毒，凡碰觸到便會染毒身亡　**弱點**｜鹼性溶液

成功的宴會小丑，原本家庭美滿幸福，卻因爲遇上詐騙集團，被騙光家當，太太還因此得了憂鬱症，女兒也大受影響，讓他心痛不已。日後詐騙集團被捕，卻因罪證不足獲釋，宴會小丑瞬間理智斷線，帶著兩把大鎌刀，將詐騙集團全員虐殺，隨後自首，自願加入改造計畫戴罪立功。

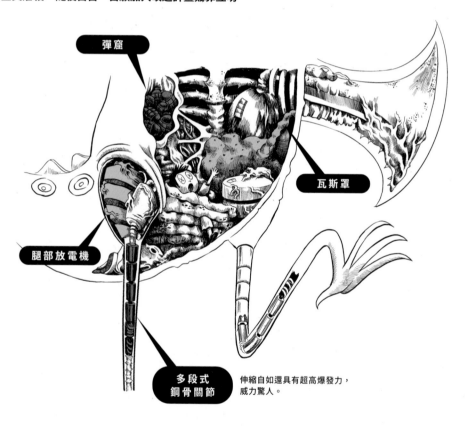

彈窟

瓦斯罩

腿部放電機

多段式
鋼骨關節

伸縮自如還具有超高爆發力，
威力驚人。

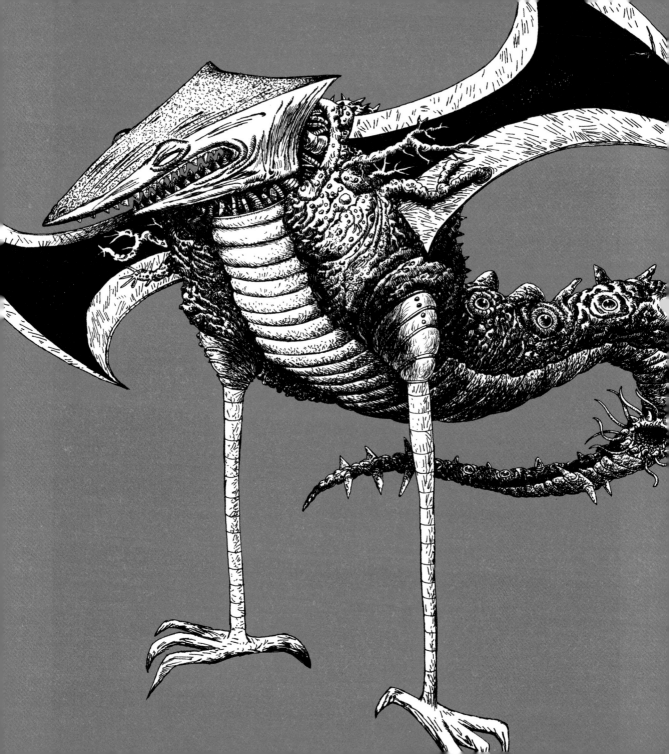

NAME 名稱	HEIGHT 高度	WEIGHT 重量

超化學魔鯊

INCR-M02

70 m／公尺

80 mt／噸

系譜 **異界物質結晶系**

成分分析｜防水特殊鋼、異次元脂肪酸、膠原雙蛋白 **必殺武力**｜滿口大鋼牙什麼都咬得斷，鋼牙還會無限再生，完全不擔心蛀牙與耗損 **弱點**｜不能離水超過一小時

小白鯊聽從父母的教誨，一直避開人類的視線，漸漸長成深海巨鯊，卻因而引起人類注意，不時有研究人員接近或是漁夫要獵捕牠。不勝其擾的巨鯊終於爆發，發狂攻擊造成重大傷亡，隨後引來軍隊圍捕。因為其體形與速度，讓晶工院將牠列入改造計畫，成為另一隻國家怪獸。

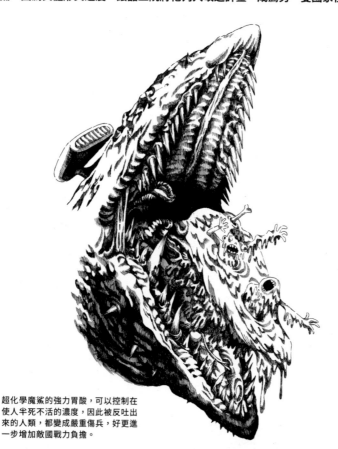

超化學魔鯊的強力胃酸，可以控制在使人半死不活的濃度，因此被反吐出來的人類，都變成嚴重傷兵，好更進一步增加敵國戰力負擔。

NAME 名稱	HEIGHT 高度	WEIGHT 重量
INCR-M03 猩紅戰車	**66** m／公尺	**138** mt／噸

系譜 **異界物質結晶系**

成分分析｜Ｘ水化合物、鈣磷素、角質鋼　**必殺武力**｜肩上的離子砲可以進行電磁干擾，擾亂敵方的通訊，使軍情傳遞陷入混亂　**弱點**｜香蕉摻入毒蛇會使牠皮膚潰爛失去作戰意志

環境學者在研究森林的活動時發現大腳怪，而且還能與人類溝通！但大腳怪病懨懨的，學者努力想救牠卻回天乏術。大腳怪臨終前拿出一本筆記，學者看完後才了解，其實牠原本就是人，因為殺人逃到山裡躲起來，可是長期喝被鄰國汙染的水，身體異變而生病。晶工院將牠列入改造計劃。

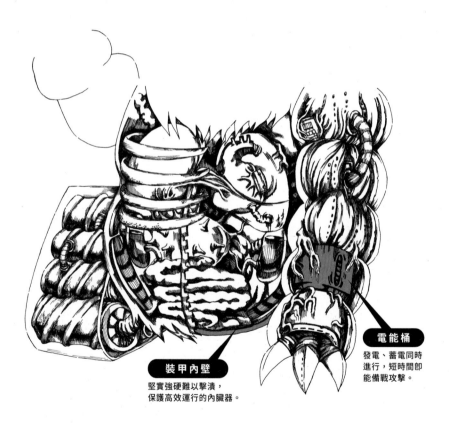

裝甲內壁
堅實強硬難以擊潰，
保護高效運行的內臟器。

電能桶
發電、蓄電同時
進行，短時間即
能備戰攻擊。

NAME 名稱	HEIGHT 高度	WEIGHT 重量
裂嘴死神 INCR-M04	58 m／公尺	125 mt／噸

系譜 異界物質結晶系 　**成分分析**｜葉綠素、葉黑素、癌礦物質、胺基酸 　**必殺武力**｜觸手噴出的蜜汁，會讓敵人產生幸福的幻覺，再自願讓牠吃掉 　**弱點**｜咖啡渣、電擊

快樂的豬籠草，生長在少數未被鄰國汙染的森林裡，是那兒最健壯的豬籠草。汙染區來的蝸牛卻衝進捕蟲籠要吃牠，豬籠草用消化液反擊，雙方你來我往，最後兩者居然融合成另一隻怪物，還開始攻擊人類。然而沒多久便被逮捕，送進了晶工院，再次展開華麗的變身。

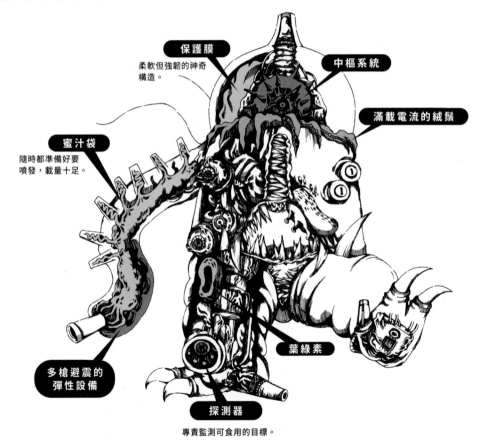

保護膜
柔軟但強韌的神奇構造。

中樞系統

滿載電流的絨鬚

蜜汁袋
隨時都準備好要噴發，載量十足。

多槍避震的彈性設備

葉綠素

探測器
專責監測可食用的目標。

NAME 名稱	HEIGHT 高度	WEIGHT 重量

猛電雷獸
INCR-M05

50 m／公尺

130 mt／噸

系譜　異界物質結晶系

成分分析｜維生素 C、化學防腐劑、二氧化錳、氧化汞、氫氧化鎳　**必殺武力**｜身上的放電器，可放出高達 10 億伏特的電流攻擊　**弱點**｜薄荷＋柑橘類皮可瓦解怪獸的細胞連結鍊

五口之家養了隻聰明的忠犬，一次小主人落入遭汙染的毒水池，忠犬入水救出小主人，自己卻受感染，病變成奇怪的模樣，全家人望之生畏，便將牠棄養在荒野。一個雨夜，忠犬遭受雷擊，倖存後異變成憤恨的怪獸，衝回去咬死一家五口，後來忠犬被捕送進晶工院，最後成了猛電雷獸。

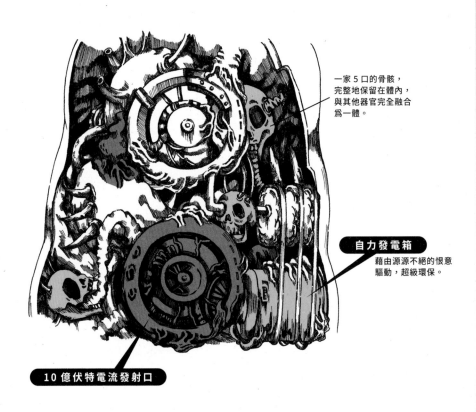

一家 5 口的骨骸，完整地保留在體內，與其他器官完全融合為一體。

自力發電箱
藉由源源不絕的恨意驅動，超級環保。

10 億伏特電流發射口

NAME 名稱	HEIGHT 高度	WEIGHT 重量
殺眼迷昏獸 INCR-M06	**68** m／公尺	**117** mt／噸

系譜 異界物質結晶系

成分分析｜水晶體、聚氯乙烯、菜籽油　**必殺武力**｜眼睛可以射出必滅死光線，被擊中會產生暈眩、幻覺，然後攻擊周圍的人，死亡後再變成殭屍　**弱點**｜任何蛇的圖像都會使牠因天性懼怕而假死三秒，造成空檔

愛探險的國中生，在郊外成衣工廠的廢水池發現一隻怪蛙在生蝌蚪！他便撈了些蝌蚪回家，後來細看竟有隻雙頭蝌蚪！隔天一群蝌蚪只剩雙頭蝌蚪，並且長成青蛙。再隔天回家發現狗不見了，雙頭蛙又變更大，他一看不對勁，立刻ＰＯ上網求救，晶工院聞訊飛速帶走雙頭蛙，作為改造殺眼迷昏獸的主素材。

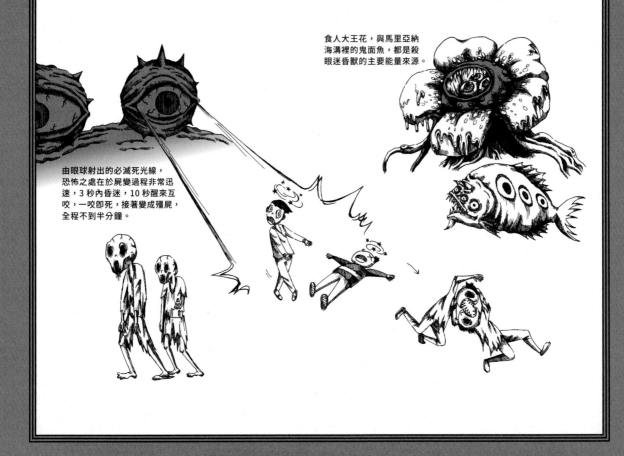

食人大王花，與馬里亞納海溝裡的鬼面魚，都是殺眼迷昏獸的主要能量來源。

由眼球射出的必滅死光線，恐怖之處在於屍變過程非常迅速，3秒內昏迷，10秒醒來互咬，一咬即死，接著變成殭屍，全程不到半分鐘。

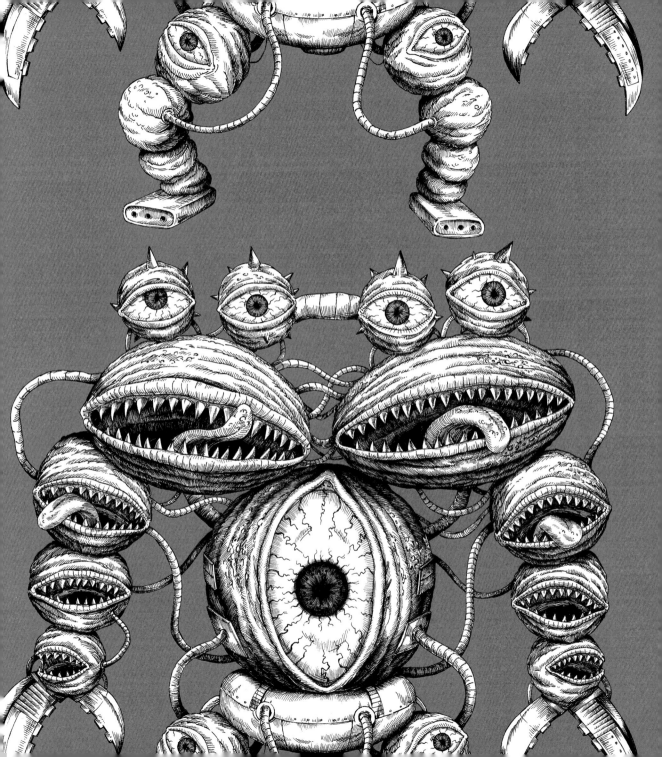

NAME 名稱	HEIGHT 高度	WEIGHT 重量
殺人蕈菇砲塔 INCR-M07	**590** m／公尺	**100** mt／噸

系譜 **異界物質結晶系**

成分分析｜麥角醇、甘露糖醇、膳食纖維　**必殺武力**｜射出孢子砲，只要範圍所及統統會長成野菇　**弱點**｜不能脫離水源太遠，以保持本體的溼度

菇達人在山野尋菇時發現一朵花中長出的菇！達人斟酌了一番，憑著經驗判斷是無毒的可食用菇，立刻動手做成一道菇料理，只是吃下後就暈倒！被送到醫院時已經全身長滿野菇，相關單位一查，那菇明顯是受汙染的變種，達人獲救無望只好被送進晶工院，成為首例人類與菇類同體的改造案。

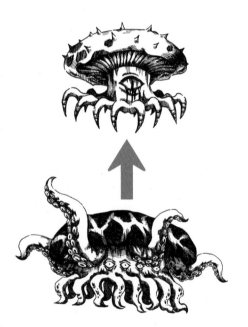

殺人蕈菇砲，塔層層都可分離，還會變成另一隻駭人的小怪獸。

喜歡潮溼，下雨時飽滿的水氣，會讓殺人蕈菇砲塔變得更巨大。

NAME 名稱	HEIGHT 高度	WEIGHT 重量
長臂飛彈獸 INCR-M08	63 m／公尺	80 mt／噸

系譜 **異界物質結晶系**

成分分析｜鎢金、不劣軟鋼、橘化鈾、TNT　**必殺武力**｜可以同時發射 24 發砲彈，朝全方位零死角攻擊，沒人躲得過　**弱點**｜冬季低溫攝氏 8 度以下機能會停止

變色龍很挑剔食物，還要常換口味，不然會拒食。飼養變色龍的主人常常爲此頭痛，後來聽說有種大蟋蟀變色龍吃不膩，便去買來餵食，但不久又有大蟋蟀受汙染的傳聞，這時變色龍已不知去向！接著發生巨大變色龍攻擊事件，捉到後驗出是食物中毒造成變色龍異變，晶工院聞訊立刻介入，不久長臂飛彈獸卽問世。

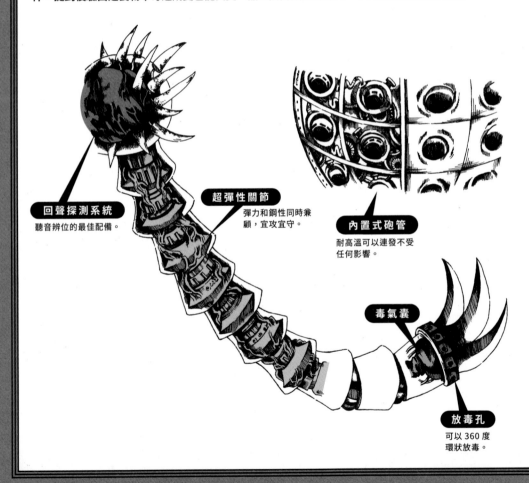

回聲探測系統
聽音辨位的最佳配備。

超彈性關節
彈力和鋼性同時兼顧，宜攻宜守。

內置式砲管
耐高溫可以連發不受任何影響。

毒氣囊

放毒孔
可以 360 度環狀放毒。

NAME 名稱	HEIGHT 高度	WEIGHT 重量
馬嘎猛獸 INCR-M09	**66** m／公尺	**99** mt／噸

系譜 **異界物質結晶系**

成分分析｜蛋酸水解酶、酯酸酶、酸性磷酸單酯酶、磷酸二酯酶 **必殺武力**｜會射出多種毒液，一沾染會產生幻覺、發燒，並具有傳染性，造成如瘟疫般的慘況 **弱點**｜烏鴉的血

酷愛古怪野味的饕客，經朋友推薦吃到一隻於邊境山區捉到的長 50 公分的巨大蜈蚣，隔天身上卻長出了許多蜈蚣腳，嚇得他奪門而出，路人見著個個失聲大叫，警察趕到以爲是駭人怪物紛紛開槍，就這麼被擊中二十多槍倒地，然後連醫院都沒去，直接被送進晶工院改造。

毒液輸送管

佈滿脖子，連結到各個噴出口，隨時準備好發射毒液。

猛毒飛彈

射程可達一千公里，又快又毒令敵人聞風喪膽。

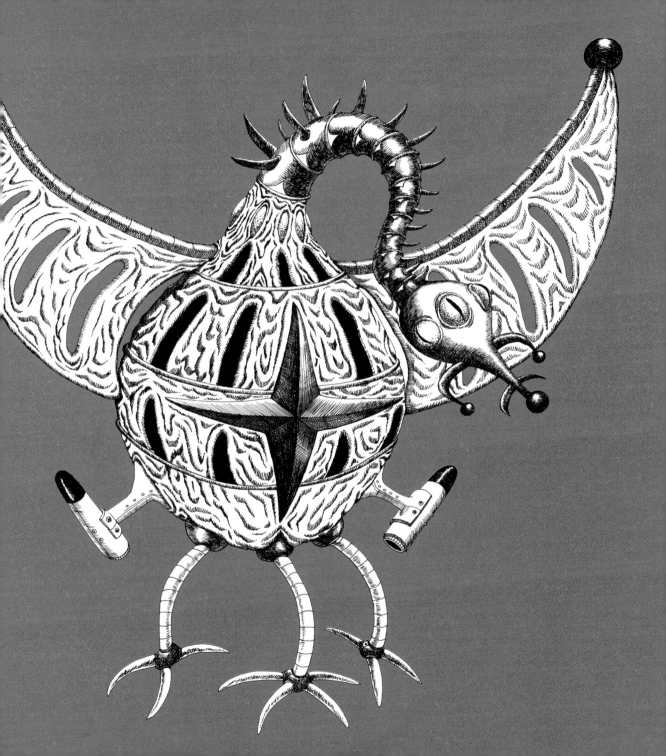

NAME 名稱	HEIGHT 高度	WEIGHT 重量
毒毒獸 INCR-M10	**60** m／公尺	**102** mt／噸

系譜 異界物質結晶系

成分分析｜毒糖水、黑膠微粒、類固醇、飽和脂肪酸　**必殺武力**｜可以釋放出毒煙霧，吸入者會出現皮膚發紅發癢、嘔吐、頭痛、呼吸困難、肌肉痙攣、劇痛休克等嚴重的狀況　**弱點**｜極凍冷風

沿海水母大量繁殖，引起海研所注意，派員觀察發現水母群中有隻大水母會吞食其他水母後變得更大，愈吃愈大，大到像一隻鯨魚那麼大時，開始攻擊漁船。海研所主動協助漁民將巨大水母抓起來，經過一番研究，確認是鄰國排放汙染所引起的變種。

發癢石
研磨出的細微粉末會融入毒煙霧當中。

消化袋
高濃度胃酸，連金屬和礦石都有辦法消化。

NAME 名稱	HEIGHT 高度	WEIGHT 重量
吸血火焰獸 INCR-M11	67 m／公尺	88 mt／噸

系譜 **異界物質結晶系**

成分分析｜蛋白質、脂肪、碳水化合物、甲烷、乙烷、丙烷、丁烷　**必殺武力**｜可噴出攝氏 1600 度高溫的烈焰，連鋼鐵也抵擋不住而融化　**弱點**｜因血液中匯集大量鬥雞血液，雞與 雞天性使然互斥爭鬥，作戰時效反而縮短

鬥雞迷聽說邊境有飼料行，專賣強健雞體魄的神奇飼料，立刻買來給雞吃，雖然有效但雞隻會相互攻擊，沒多久 就只剩一隻。鬥雞迷想說剩最強的去鬥也好，但雞卻變大到如小馬，還伺機逃跑，在外大鬧，最後動保所出動制 伏。一化驗，這雞根本是禁藥雞，直接送去晶工院改造。

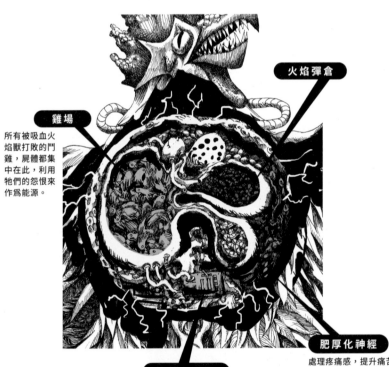

火焰彈倉

雞場
所有被吸血火 焰獸打敗的鬥 雞，屍體都集 中在此，利用 牠們的怨恨來 作爲能源。

肥厚化神經
處理疼痛感，提升痛苦 的承受力。

火焰加壓器
讓火焰溫度可達 1600 度 的利器。

NAME 名稱	HEIGHT 高度	WEIGHT 重量

卡馬拉蛞蝓獸
INCR-M12

51 m／公尺

117 mt／噸

系譜 異界物質結晶系

成分分析｜胺基酸、鐵、矽、鋅、銅、蝸牛酶　**必殺武力**｜全身可分泌出透明黏液，讓任何接觸到的對象被包裹住而動彈不得　**弱點**｜強光照射及大量乾燥劑

生活於邊境山區的平凡蛞蝓，遇上人類惡意排放的毒廢水，產生異變，體型變大外還想吃人，附近的人見狀合力把蛞蝓捉住，原來這些人是環保單位的稽查員，特地來調查偷排放廢水的公害問題，剛好把蛞蝓當作汙染的呈堂證供，調查結束送去晶工院，不久卡馬拉蛞蝓獸便誕生。

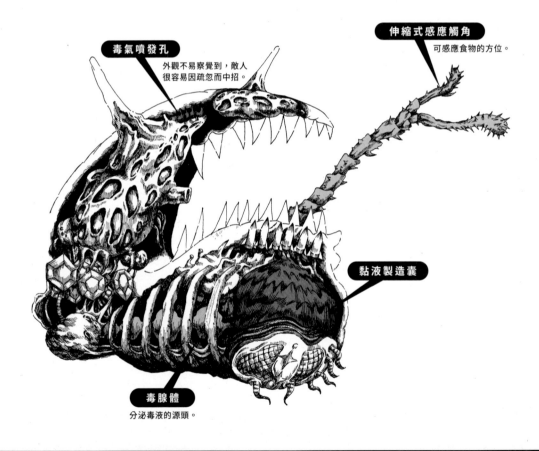

毒氣噴發孔
外觀不易察覺到，敵人很容易因疏忽而中招。

伸縮式感應觸角
可感應食物的方位。

黏液製造囊

毒腺體
分泌毒液的源頭。

NAME 名稱	HEIGHT 高度	WEIGHT 重量
四頭毒瓦斯鷄怪 INCR-M13	**65** m／公尺	**82** mt／噸

系譜 **異界物質結晶系**

成分分析｜反物質、脂肪肝、碳火化合物、甲烷、乙烷　**必殺武力**｜可噴出臭蛋瓦斯，任何被瓦斯侵襲的生物都會臭到受不了而自殺　**弱點**｜四個頭會因嫉妒而自相殘殺，只要挑撥其中一個就有勝算

養雞場的兩隻蛋雞，不耐養雞場的乏味生活和無法談戀愛，於是伺機逃跑，去到傳說的神奇飼料行狂吃飼料，好變成雞中西施以找到真愛，不料雙雞卻變成超巨大雞怪，引起軒然大波，末了被制伏送驗後，確定是中毒異變雞，就成為晶工院的改造材料。

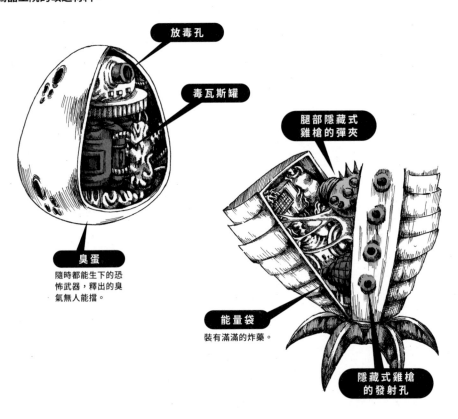

放毒孔

毒瓦斯罐

腿部隱藏式雞槍的彈夾

臭蛋
隨時都能生下的恐怖武器，釋出的臭氣無人能擋。

能量袋
裝有滿滿的炸藥。

隱藏式雞槍的發射孔

NAME 名稱

INCR-M14 地底鋼巨魷

HEIGHT 高度
63 m／公尺

WEIGHT 重量
133 mt／噸

系譜 **異界物質結晶系**

成分分析｜水母膠、黑肝色素、膽固醇　**必殺武力**｜可噴出超濃黑墨汁，讓敵方完全失去視覺，再中毒全身癱瘓　**弱點**｜烈火燒烤 7800 度以上

無風無雨的夜裡，小漁船在近海作業，發現抹香鯨的屍體，身上留有許多明顯的吸盤印痕，接著有隻大如小型潛艇的巨槍魷魚飛出海面，船長一看到怪物立刻全速逃走，並通知海研所。後來多方單位大費周章，成功捕獲怪物魷魚，將牠攔截入晶工院改造爲地底鋼巨魷。

分離腦 2 號
控制各鑽頭的運作。

氧氣轉換器
直接由水中提取，
省錢又高效率。

環狀彈性鋼纜
馬力再強、扭力再大，
也逃不出它超強的纏繞力道。

NAME 名稱

INCR-M15 切割喇甲獸

HEIGHT 高度	WEIGHT 重量
65 m／公尺	**121** mt／噸

系譜 異界物質結晶系

成分分析 幾丁質、骨質、藍肉素　**必殺武力** 臂上的刀是無敵超合金，又硬又快，任何物質在其面前都宛如豆腐，抵擋不住攻擊　**弱點** 鳥類鳴叫的音波攻擊

小朋友不管警示溜進汙染區，看見一隻大如排球的獨角仙！欣喜若狂把牠帶回家，媽媽見著立刻大叫：「這是什麼怪物？」爸爸看了也覺得不對勁，跟小朋友溝通後，將獨角仙送去相關單位檢驗，確認是輻射汙染造成異變。晶工院知悉後，立刻把獨角仙納為己有，讓牠成為下一個怪獸。

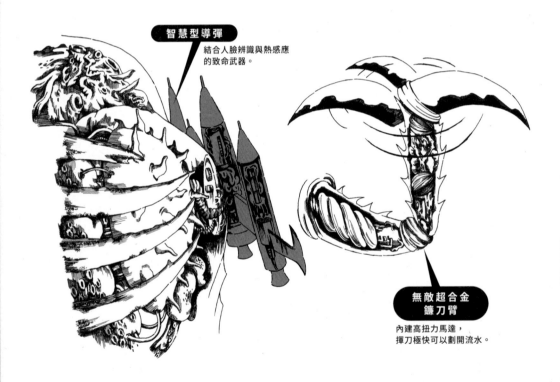

智慧型導彈
結合人臉辨識與熱感應的致命武器。

無敵超合金鐮刀臂
內建高扭力馬達，揮刀極快可以劃開流水。

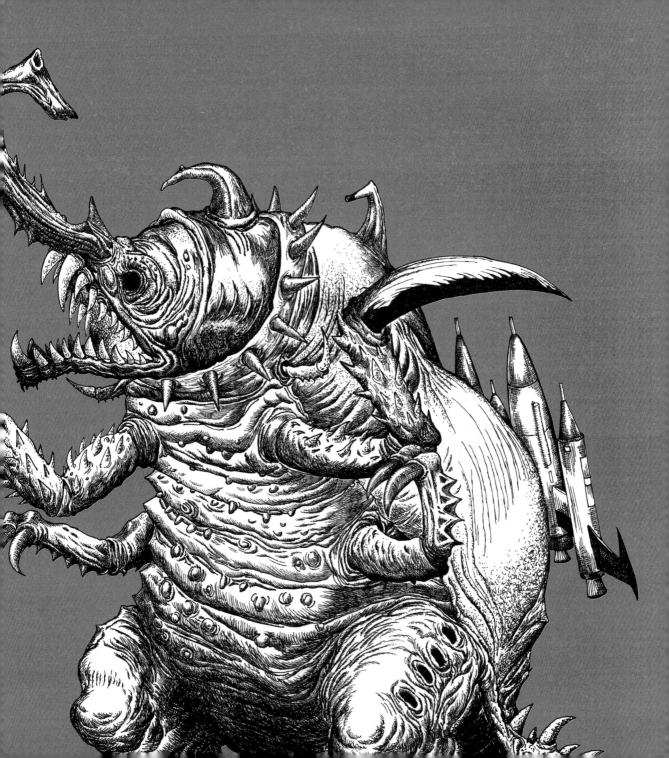

火藥庫獸

INCR-M16

69 m／公尺

109 mt／噸

系譜 **異界物質結晶系**

成分分析｜鐵鈉灰質、類固醇、硝化黑油、碳酸甜鈣，可同時攻擊 50 個不同目標，讓敵方應接不暇、難以招架

必殺武力｜多到數不盡的砲彈炸藥，

弱點｜潮溼的彈藥會淤積在牠的體內無法排泄（發射），終致體脹而死

小動物園添購了隻斑馬，剛到時園長很開心，可是斑馬卻水土不服，獸醫來也無效，好在朋友介紹邊境山區一家飼料行有神奇飼料，吃了就會好。園長即刻買回，斑馬吃後果然有精神，但精神太好了，好到跳過圍欄撞死遊客！事後動物園除了賠償還要處理斑馬，於是乾脆將斑馬送去晶工院，讓牠成為改造的材料。

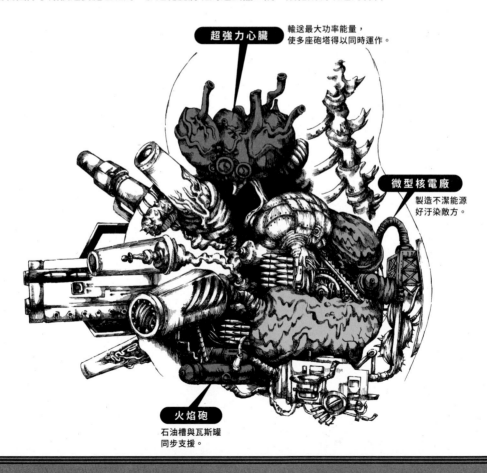

超強力心臟
輸送最大功率能量，
使多座砲塔得以同時運作。

微型核電廠
製造不潔能源
好汙染敵方。

火焰砲
石油槽與瓦斯罐
同步支援。

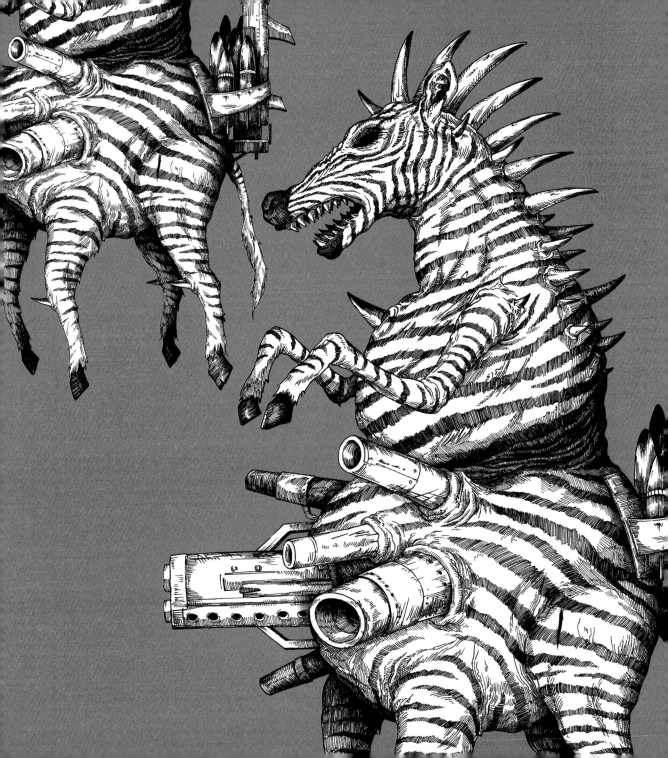

系譜 **異界物質結晶系**

成分分析 | X級超合金、骨膠原纖維、黏多糖蛋白、磷酸鈣、碳酸鈣、氟化鈣　必殺武力 | 力大無窮，手中孢子砲會釋放出有毒孢子，一經接觸人就會變成酒鬼、吸毒者　弱點 | 火和硫酸

落魄摔角手，聽說邊境山區有飼料行賣一種能強健動物體魄的神奇飼料，他心想：「動物有效，人吃應該也行。」於是設法弄到手。吃完後果然變得威猛，但卻強過頭，打死三十幾人！事後清醒去自首，體內被驗出中異毒，殺人罪則判了死刑，他在不知情下被迷昏送至晶工院改造。

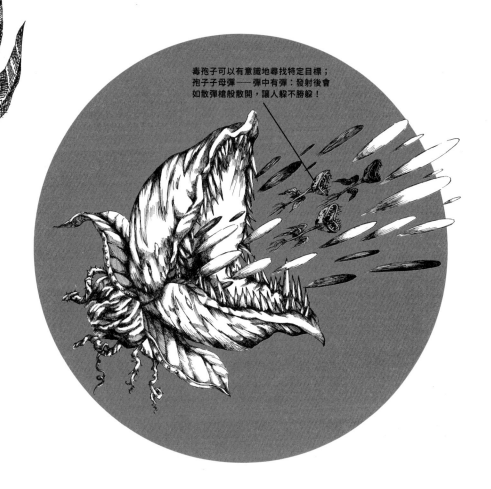

毒孢子可以有意識地尋找特定目標；
孢子子母彈——彈中有彈：發射後會
如散彈槍般散開，讓人躲不勝躲！

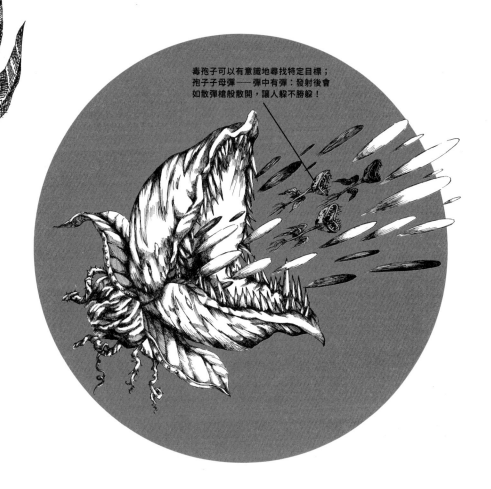

NAME 名稱

INCR-M18 多多拉貢

HEIGHT 高度
59 m／公尺

WEIGHT 重量
73 mt／噸

(96)

系 譜 異界物質結晶系

成分分析 | 強耐酸合金、優化核桃酸、聚氯乙烯、聚氨酯次射出，雙臂還可擠出毒液，一觸及就立即癱瘓無法動彈

必殺武力 | 身上的尖刺可以無限齒輪卡住

弱點 | 大量的玻璃碎片會使體內

邊境山區飼料行靠走私有毒的飼料大賺黑心錢，因爲許多吃黑心飼料的生物出了各種意外，老闆生怕被抓去關而躲了起來，一日警察找上門，沒找到老闆，先遇上一隻超巨大蜥蜴，一番激戰制伏蜥蜴後，送檢發現又是吃了毒飼料才造成異變。

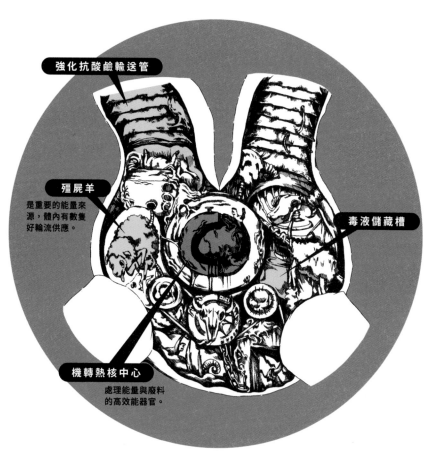

強化抗酸鹼輸送管

殭屍羊
是重要的能量來源，體內有數隻好輪流供應。

毒液儲藏槽

機轉熱核中心
處理能量與廢料的高效能器官。

NAME 名稱	HEIGHT 高度	WEIGHT 重量
導彈斜龍 INCR-M19	55 m／公尺	120 mt／噸

系譜 **異界物質結晶系** **成分分析**｜X級超酸辣合金、黑物質、鋼髓質 **必殺武力**｜全方位追蹤導彈，不受任何因素
干擾，一定會緊盯目標至擊中爲止 **弱點**｜美魔女的誘惑

擅長雷達導引、紅外線導引、雷射導引、電視導引和飛彈導引關鍵技術第一人的知名科學家，被敵國間諜色誘，
搞到最後妻離子散、家破人孤單，還因叛國罪被判死刑，陷入絕望的他，自願成爲晶工院的改造計畫，最後成了
導彈斜龍。

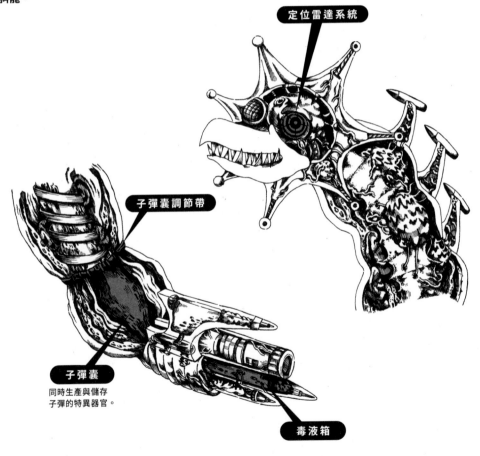

定位雷達系統

子彈囊調節帶

子彈囊
同時生產與儲存
子彈的特異器官。

毒液箱

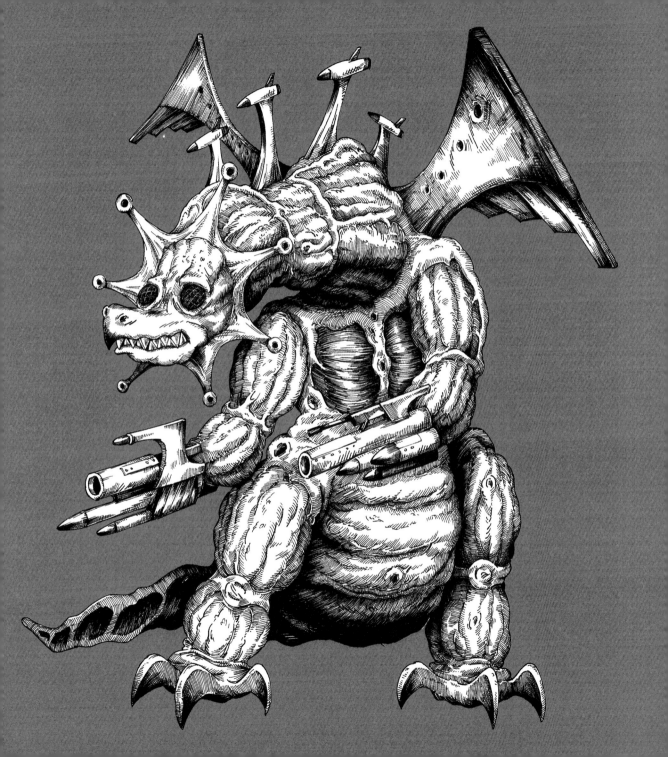

NAME 名稱

INCR-M20 轟炸嘎嘎利鳥

HEIGHT 高度
62 m／公尺

WEIGHT 重量
119 mt／噸

系譜 異界物質結晶系 **成分分析**｜熱鋁合金、聚酯纖維、嫘縈纖維、八硝基立方烷 **必殺武力**｜飛彈中的超猛炸藥，遇上銅牆鐵壁，簡直宛如石頭砸豆腐，威力之大，一顆就能炸碎整棟 101 大樓 **弱點**｜閃光燈連閃三百下會使牠的眼睛爆炸，連帶炸傷大腦中樞

被霸凌的高中生，得不到校方的協助，便把自己關在家裡，不再跟外界接觸，並開始上網學做炸彈，寄出七個包裹，把霸凌過他的同學和漠視的老師統統炸死，然後跑去自首，被判了無期徒刑後，他主動參加晶工院的改造計畫，自願被改造成怪獸。

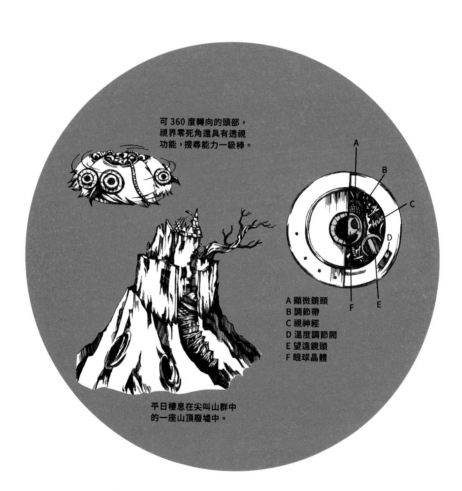

可 360 度轉向的頭部，
視界零死角還有透視
功能，搜尋能力一級棒。

A
B
C
D
F E

A 顯微鏡頭
B 調節帶
C 視神經
D 溫度調節閥
E 望遠鏡頭
F 眼球晶體

平日棲息在尖叫山群中
的一座山頂廢墟中。

地獄電磁章魚

HEIGHT 高度		WEIGHT 重量	
60	m／公尺	80	mt／噸

系 譜 **異界物質結晶系** **成分分析**｜金鋼化合物、鈣質和磷質、角質素、優化核酸 **必殺武力**｜超強電磁砲可以讓所有機器停擺 **弱點**｜全身磁極不停在身體各部位變換，只要適時找到部位施以強大負極能量就能使牠自爆

水族館有隻大章魚很聰明，非常受歡迎，是館中超級巨星，有兩個小偷卻想在夜裡摸進水族館偷走大章魚，不過兩人入水要抓大章魚時卻反過來被牠纏住掙脫不開，時間一久紛紛溺斃。事件一爆發後章魚被以殺人罪嫌逮捕，法院判牠加入晶工院的改造計畫來將功贖罪，最後成爲地獄電磁章魚。

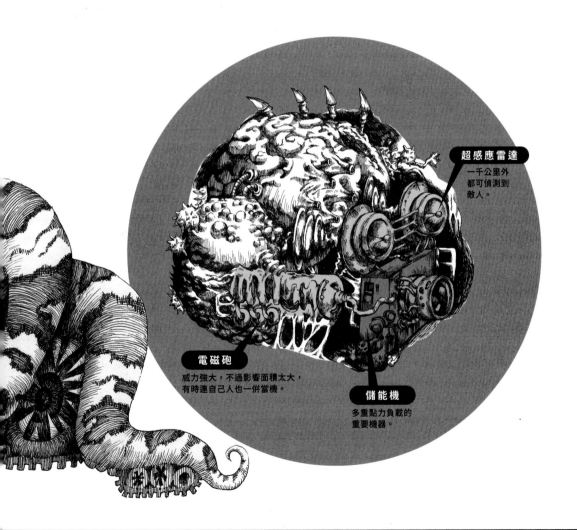

超感應雷達
一千公里外都可偵測到敵人。

電磁砲
威力強大，不過影響面積太大，有時連自己人也一併當機。

儲能機
多重點力負載的重要機器。

NAME 名稱

INCR-M22 爆鑽魔星

HEIGHT 高度

57 m／公尺

WEIGHT 重量

100 mt／噸

系譜 **異界物質結晶系** 　**成分分析**｜黑金鑽、超鈣質、磷質、角質素　**必殺武力**｜威力強大的爆衝鑽，沒什麼是鑽不透的　**弱點**｜以金錢做誘餌，牠會非常容易落入陷阱

專作潛盾機的工程師，染上賭癮身敗名裂，於是想挖洞到銀行金庫偷錢，好解決他人生的一切問題，怎知人算不如天算，行動時機器在挖通的那一刻不堪負荷爆炸！他雖沒被炸死卻也半身癱瘓，面對刑期與臥塌病床，工程師索性申請加入晶工院改造計畫，成為威猛的爆鑽魔星。

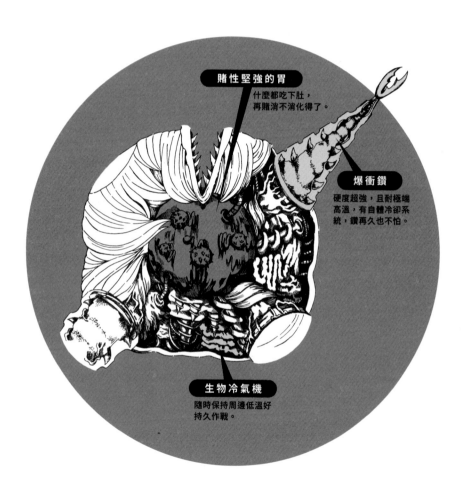

賭性堅強的胃
什麼都吃下肚，
再賭消不消化得了。

爆衝鑽
硬度超強，且耐極端
高溫，有自體冷卻系
統，鑽再久也不怕。

生物冷氣機
隨時保持周邊低溫好
持久作戰。

NAME 名稱	HEIGHT 高度	WEIGHT 重量
INCR-M23　盡滅獸	640 m／公尺	134 mt／噸

系譜 **異界物質結晶系** | **成分分析**｜TNT、鈣質、膠原蛋白 **必殺武力**｜除了 2 顆威力強大的飛彈外，身體也是顆大炸彈，必要時會抱住對方來個同歸於盡 **弱點**｜肩膀上的雙眼是全身最脆弱的地方

新興教派「盡滅救世教」主張「人類是地球的癌」，要清除才能救地球。一名瘋狂教徒甚至自製炸彈，在教友聚會時使用，炸死了幾十個人，沒多久該教徒被捕，很快被判處死刑。他想與其被處死，不如參加晶工院改造計畫，至少還可以殺一些鄰國人，爲地球減緩壓力，其後便成了恐怖的盡滅獸。

毛髮後覆蓋著 2 張大嘴。

有毒的異變指甲

偵測板
精準感應該死人類的位置。

砲彈能源庫
充滿要殺光人類的執念。

NAME 名稱

天虹導彈獸
INCR-M24

HEIGHT 高度
68 m／公尺

WEIGHT 重量
97 mt／噸

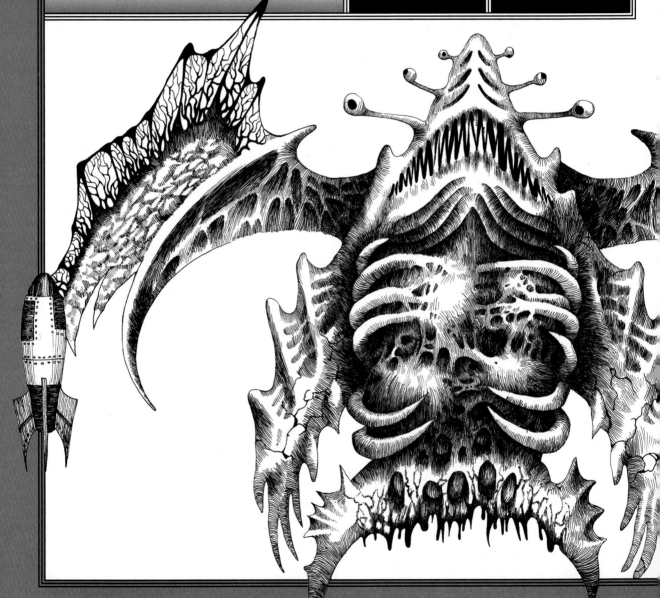

(108)

系譜 **異界物質結晶系** 成分分析｜Ｘ級超合金、鈣化離子、膠原秘素 **必殺武力**｜模擬飛碟飛行，零角度轉向限制，可無聲懸停和瞬間加速，在空戰中占有絕對優勢 **弱點**｜乾燥微波會使牠的膠原蛋白蒸發

動物仿生機器人專家，因爲傑出表現受到多方矚目，也引來了鄰國女間諜想設法色誘他想竊取機密，只是專家早早識破，並跟晶工院說明了狀況。女間諜眼看色誘無效，乾脆用偷的，但被逮個正著，然後以間諜罪判處死刑，最後被注射毒液後直送晶工院，將她改造成天虹導彈獸。

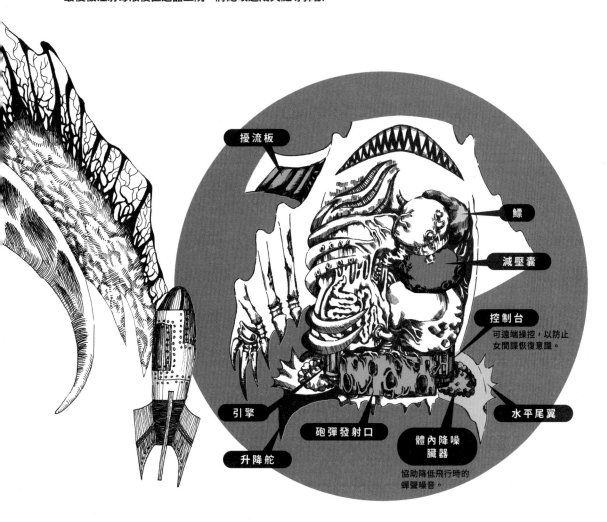

擾流板

鰾

減壓囊

控制台
可遠端操控，以防止
女間諜恢復意識。

引擎

水平尾翼

砲彈發射口

體內降噪
臟器
協助降低飛行時的
蟬聲噪音。

升降舵

(109)

NAME 名稱
INCR-M25

滅亡號要塞戰車

HEIGHT 高度	WEIGHT 重量
70 m／公尺	**150** mt／噸

系譜　**異界物質結晶系**　　**成分分析**｜Ｘ級超合金、優化核酸、聚氯乙烯、骨質　**必殺武力**｜音波砲與電擊角，同時發射幾乎無人能閃避　**弱點**｜古代生物因爲對現代病毒較無抵抗力，沒想到一般常見的小兒流感就能使恐龍本體產生強烈症狀，最後無法治癒，功虧一簣

國防部在毒氣沼澤中挖掘出保存一億五千萬年、未腐化的新鮮肉食性恐龍，經修復腦細胞、架設控制器，並且加入過去從敵國擄獲的各種軍事火炮車輛殘骸融合，最終改造成滅亡號要塞戰車，預定作爲陸軍作戰攻擊的總指揮部及最強火力旗艦。

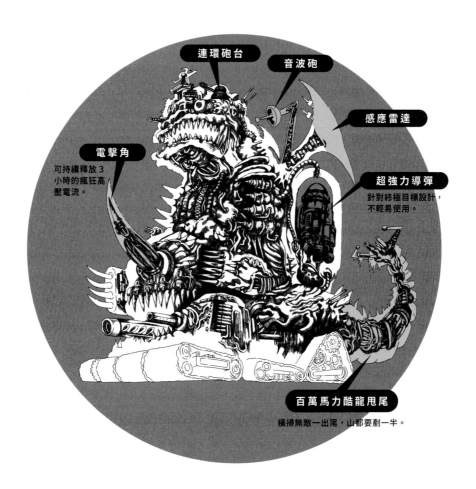

連環砲台

音波砲

感應雷達

電擊角
可持續釋放 3 小時的瘋狂高壓電流。

超強力導彈
針對終極目標設計，不輕易使用。

百萬馬力酷龍甩尾
橫掃無敵一出尾，山都要剷一半。

C

巫術咒怨提煉系
MYSTIC DEMONS

魔法工學研究院（簡稱「魔工院」），是屬於國家級三大改造怪獸的單位之一。

魔工院的前身爲「超自然力量研究俱樂部」，原本被認定爲散布超現實邪說的非法組織，歷經取締鎮壓……浮浮沉沉六十年後，因國家在戰爭困境無計可施之際，嘗試借助他們的神秘力量，用超越常規的方式尋求突破，竟成功強化怪獸改造計畫，使得此組織晉升爲國家級的「魔法工學研究院」。

魔工院開發出一系列功能詭異、力量高深莫測的怪獸，使敵國吃足苦頭。魔工院院長更進一步接手負責國家重要祭祀，並不時以巫術治療民衆的疑難怪病，因此在民間頗有聲譽。院長表面上是由江鬼火博士主導，實際上則是由「魔腦」擔任幕後指導。

魔腦其實就是初代俱樂部創辦人——死血梅博士。死血梅博士在停屍間施展移動咒術失敗後，雖失去軀體卻幸運在原地留下大腦，儲存在機型容器中發號指令，繼續執行意志。

魔腦專精蠱惑人心、催眠、製造幻覺，其他如隱形、念動力、瞬間移動、元神出竅、心靈感應、隔空取物、飛天翱翔、能量防護罩。失去身體前的他原本以洗腦信衆令其甘願奉獻維生，被體制收編後改爲洗腦吸收情報人員爲國犧牲，成爲政府倚重之士。

魔工院編制底下另設有兩位副院長，一是捉鬼、降

妖、算卦等樣樣精通的茅山道士邱垂旦，他精通道術中的符、咒、靈圖、降妖、攝魂、煉丹之術等均有深入研究，是雲遊四方的天涯行者，不易聯絡。

另一位副院長曼德拉・酷毒，則是自異國重金禮聘的鍊金術師，對西方「鍊金術」和東方「黃白術」都鑽研甚深，專精物質轉換和煉製各式靈藥。

魔工院在此鐵三角的帶領下，還有六百六十六位研究員，專攻各式魔法、咒語的研究，並著有論文數萬冊，分門別類生產出一系列的怪獸。

魔工院所挑選的改造者，均來自因受敵國排放之有毒物質汙染中毒的亡者。魔工院研發出一具可偵測亡者死前含恨指數的「恨力計數儀」。如果含恨而終的指數超過九十分，就是最佳的怪獸改造材料。

因為亡者愈是恨意爆表、怨念滿載，愈可以供給怪獸驚人的負能量動能。怪獸啟動後，愈容易徹底燃燒，發揮驚人戰鬥力和破壞力。

魔工院讓亡者以異種魔物的姿態復活，改造前會透過通靈術和亡魂進行溝通。一方面為國家滿足戰力的需求，另一方面也讓含恨的亡者有大吐怨氣的機會。因此口碑相當好，據說魔工院曾多次收到來自冥界的感謝狀，也被視為最環保經濟的改造單位。

NAME 名稱

MYDE-M01 **厲凶宅獸**

HEIGHT 高度
64 m／公尺

WEIGHT 重量
83 mt

系譜 **巫術咒怨提煉系**　**成分分析**｜恐懼瓦斯、海砂、核廢料　**必殺武力**｜從口中可以噴發恐懼瓦斯，接觸者會立刻
陷入無底深淵的恐慌，繼而死於驚嚇　**弱點**｜歌頌愛與溫暖的音樂

嚮往鄉間生活的青年，以很好的價錢在鄉間買到一間房子，不料卻是棟凶宅！於是找上原仲介，但仲介早已因他
案跑路，只好改去找原屋主，想不到竟是專做凶宅生意的黑道，不僅不予理會，還將他毒打一頓，最後送到醫院
已傷重不治，恨意難消的他，臨終前接受改造而成為厲凶宅獸。

恐怖燈
持續發出閃爍的黯
淡燈光使人畏懼。

**四分五裂的
恨意幽靈**

恐懼瓦斯爐
恐懼瓦斯的
生產中心。

腐爛駭地板
可以發出惱人的聲響
使敵人神經衰弱。

NAME 名稱	HEIGHT 高度	WEIGHT 重量
 **MYDE-M02** 十萬度鬼火獸	**70** m／公尺	**150** mt／噸

系譜 巫術咒怨提煉系

成分分析｜恨的怒火、磷、合成硝酸、變異農作物殘體、二甲普林機鹽、氨磷基甲酸鹽、三唑基氮及雜環化合物、火星隕石　**必殺武力**｜號稱十萬度，其實是負十萬度的超低溫鬼火，當攻擊者被噴到時會與鬼火同質化，對常溫產生正十萬度的體感，猶如烈火焚燒，兩小時後才會慢慢揮發消失，極度痛苦，十萬度鬼火獸的命名是非常狠毒的誤導　**弱點**｜新鮮蔬果汁

原本樸實的蔬果小農，與妻子過著自給自足的幸福生活，但他的種植地離邊界太近，不幸受到惡毒廢水汙染，導致其農作物染毒變異成爆裂物質，害他耕作時如誤踩地雷般被炸成重傷，送醫後勉強救回來，但已不成人形。於是小農報名魔工院改造計畫，成爲十萬度鬼火獸。

十萬度鬼火獸發威最盛時，可以吞噬掉一整座島，層層火焰還可隨意變換大小，以及移動方位，讓人躲都躲不掉。

NAME 名稱		HEIGHT 高度	WEIGHT 重量
MYDE-M03 末日鋸獸		66 m／公尺	101 mt／噸

系譜 **巫術咒怨提煉系**　**成分分析**｜悲傷與失落的靈魂，加上殭屍犬毒血病毒　**必殺武力**｜血輪鋸，據說是愛狗人士在電動工具公司負責圓盤鋸的業務，為紀念她而設計的。血輪鋸不僅能直接傷人，被擊中者還會殭屍化，去攻擊其他人　**弱點**｜懼怕酒精、漂白水

愛狗人士收養了一隻流浪狗，小狗原本個性畏縮怕人，但在主人的悉心照料下，漸漸變得活潑好動，一次帶狗到邊境山區玩，小狗亂跑掉入有毒廢水池，救上來後開始生病，送醫不但治療無效還變成一隻殭屍犬，主人不顧眾人反對，不願將小狗安樂死，卻反被咬死，於是小狗被送進魔工院。

獻祭的巨鼠
用來赦免狗咬死主人的罪。

水箱發電機
以魔法分解水中氫氧，產生爆炸性動能，是最環保的高超綠魔法裝備。

NAME 名稱

MYDE-M04 死亡軍艦獸：死號

HEIGHT 高度
70 m／公尺

WEIGHT 重量
150 mt／噸

系譜 **巫術咒怨提煉系** 成分分析｜200 具殭屍粉末、古代鋼加大馬士革鋼，再加上 20000 頓的鯊魚皮 **必殺武力**｜30 座 45 倍口徑的 46 厘米 3 聯裝砲、58 座火箭彈發射架、穿甲鈾彈、毒泡沫 **弱點**｜沒有弱點

海軍的終極主力旗艦，在終局決戰中，食用水遭人下毒，全艦官兵感染病毒，出血、發熱最後殭屍化，互相攻擊啃食對方，畫面宛如人間煉獄，由於病發極快，最後全員陣亡，海軍登艦已搶救不及。後來於戰鬥中暴露弱點，遭到秘密切成碎片。

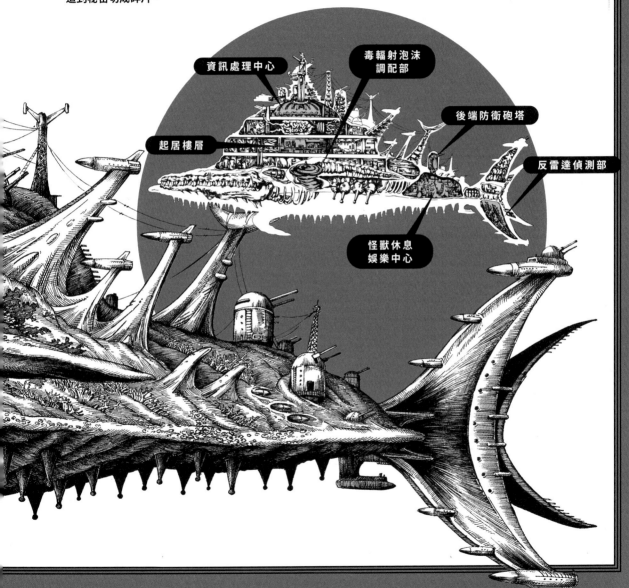

資訊處理中心

毒輻射泡沫
調配部

後端防衛砲塔

起居樓層

反雷達偵測部

怪獸休息
娛樂中心

NAME 名稱	HEIGHT 高度	WEIGHT 重量
死靈節肢獸 MYDE-M05	**66** m／公尺	**99** mt／噸

系譜 **巫術咒怨提煉系**

成分分析｜海帶、螃蟹殼加上蜈蚣粉，以及大量的蜂蜜的螃蟹腳，被擊中者會化成美味可口的紫色糖漿

必殺武力｜高速旋轉射出無限再生

弱點｜超濃薑汁解毒，使怪獸毒素分解消失，反而突變成美味佳餚

一群高中生在野地露營，有人抓到又怪又大的螃蟹，隨手就丟進火堆烤，由於烤時發出臭味，大家便起鬨誰敢吃就是今天的國王，一名同學因此迅速開吃，但沒兩口就狂吐又臉發青，嚴重到送急診，卻在就醫途中斷氣。事後螃蟹送驗，確定是因為未詳細查閱食物中毒表，造成食物相剋，於是魔工院改造同學變身為死靈節肢獸。

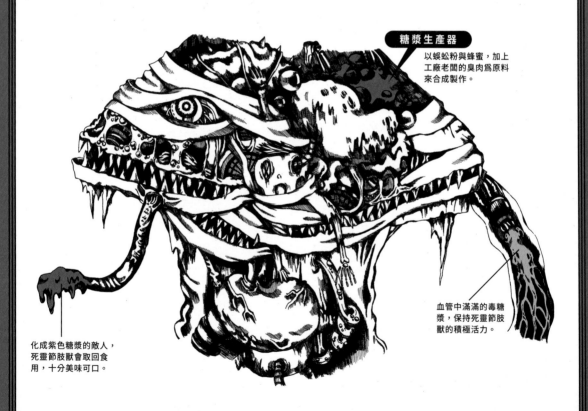

糖漿生產器
以蜈蚣粉與蜂蜜，加上工廠老闆的臭肉為原料來合成製作。

化成紫色糖漿的敵人，死靈節肢獸會取回食用，十分美味可口。

血管中滿滿的毒糖漿，保持死靈節肢獸的積極活力。

NAME 名稱	HEIGHT 高度	WEIGHT 重量
 屍鯨堡壘 MYDE-M06	69 m／公尺	120 mt／噸

系譜 巫術咒怨提煉系 | **成分分析**｜鯨魚骨、海洋垃圾和恐龍毛 **必殺武力**｜唱出全世界最難聽的歌聲，聽到的人會受不了而撞牆自盡，背上的死光砲能發出雷電死光，一被擊中立刻化成灰燼 **弱點**｜噪音聲納會干擾腦波

國家特級清潔工收到指令，要處理沖上岸的鯨屍，他與工班一到，哇！真是超巨鯨，皮膚變色腫脹還異常惡臭。即使如此仍得進行處理，但鯨魚卻居然甲烷大爆炸，整個工班瞬間全沒！事後魔工院將殘骸與實驗失敗的其他怪獸死屍合成為屍鯨堡壘。

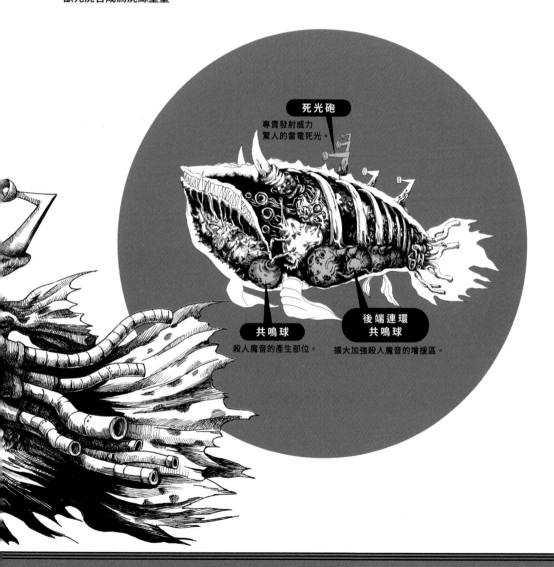

死光砲

專責發射威力驚人的雷電死光。

共鳴球

殺人魔音的產生部位。

後端連環共鳴球

擴大加強殺人魔音的增援區。

NAME 名稱

MYDE-M07 召喚惡魔獸

HEIGHT 高度
57 m／公尺

WEIGHT 重量
65 mt／噸

系譜 巫術咒怨提煉系 **成分分析**｜羊毛、羊內臟、川毒綠、紅火棗、火雞與蚯蚓 **必殺武力**｜釋放毒氣，所有植物一接觸瞬間枯死 **弱點**｜卽使綿羊變成怪獸仍擺脫不了天性，害怕狼

有理想的自營小農，爲提供優質的鮮羊乳而努力著，但好景不常，莫名長了有毒的植物，羊隻吃了集體發狂，原本溫馴的羊變得凶惡，開始攻擊主人！小農就這麼莫名給撞死，傷心欲絕的家人將羊群擊斃後，連同小農遺體送去魔工院，其後轉化成召喚惡魔獸。

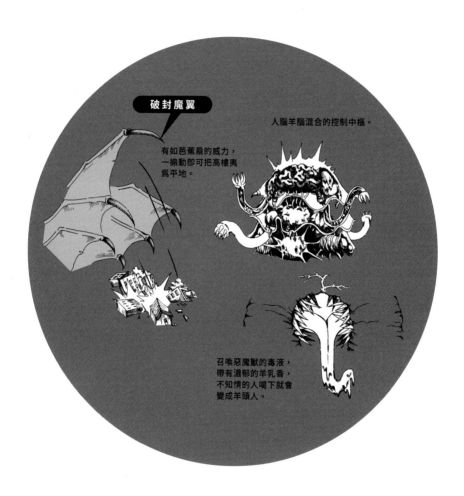

破封魔翼

有如芭蕉扇的威力，
一搧動卽可把高樓夷
爲平地。

人腦羊腦混合的控制中樞。

召喚惡魔獸的毒液，
帶有濃郁的羊乳香，
不知情的人喝下就會
變成羊頭人。

NAME 名稱	HEIGHT 高度		WEIGHT 重量	
怨恨蘿莉獸 MYDE-M08	51	m／公尺	81	mt／噸

系譜 **巫術咒怨提煉系**

成分分析｜毒蘿莉公仔、漫畫、卡通 DVD，以及烤魷魚加義大利麵　**必殺武力**｜雙辮與魷魚腳自體旋轉時，會刮起龍捲風，威力強大連小巨蛋都能吹上天　**弱點**｜懼怕打針與葉黃素，或是吃到脂肪過多的人

體重超重的肥宅，熱愛動漫更是個蘿莉控，喜歡收集蘿莉公仔。由於生性小氣吝嗇，常買盜版貨充數。一次他買到一批俗稱「二料」垃圾塑料製成的盜版公仔，殊不知帶有劇毒，開箱後毒性揮發出來，不久就把他給燻死。魔工院收到案子，便貼心地將他變成最心愛的蘿莉。

魔工院為她在糖果山的半山腰，蓋了棟糖果屋，並不時補充糖果，好防止她下山吃人。

可自由轉換大小與模樣，常常以小女孩形象混在人群中，平常看似溫和，但一有人不順她的意，即會暴怒變回原形嚇壞大家。還有小熊是其大地雷，誰一靠近就會發飆。

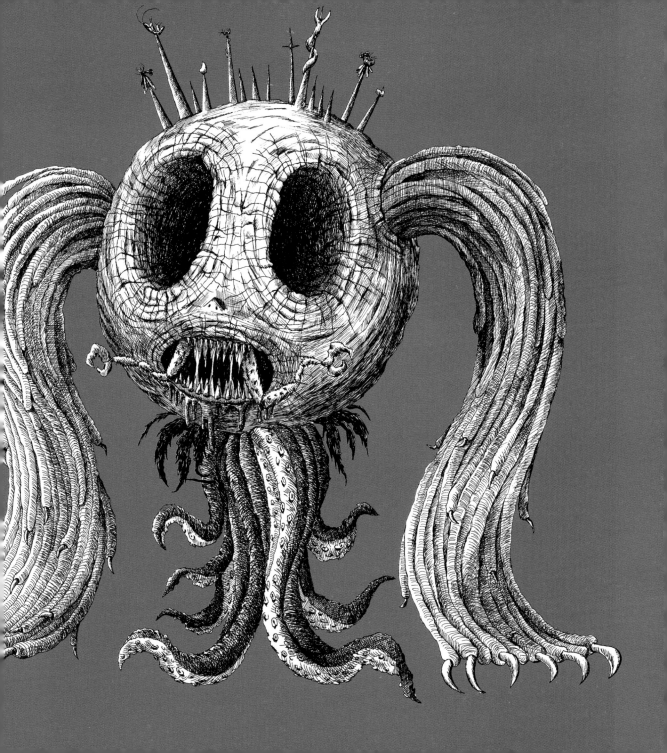

NAME 名稱

MYDE-M09

挖墓吮屍獸

HEIGHT 高度
58
m／公尺

WEIGHT 重量
110
mt／噸

系譜 **巫術咒怨提煉系** **成分分析**｜屍毒、圓鍬、十字鎬、盲目的愛 **必殺武力**｜快速挖洞技能，讓經過的區塊瞬間空洞化，繼而造成地面崩塌，破壞力比地震更為可怕 **弱點**｜切開身體後兩隻會因為爭奪原本共用的心臟，而反目成仇

盜墓鴛鴦，憑藉膽大心細得手許多豪華墓穴，過著優渥的生活，盜墓多年的兩人想再幹一筆大的就退休，沒多久找到目標──一位大富豪的家族主墳，只是他們不知那墳有毒，開墳時釋放出的毒，連其裝備也不管用，兩人當場斃命！後來接收屍體的魔工院，見其緊抱模樣，於是改造成連體姿態。

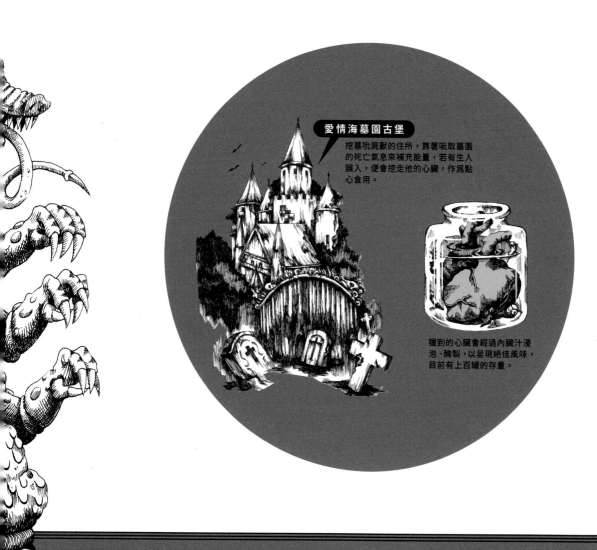

愛情海墓園古堡
挖墓吮屍獸的住所，靠著吸取墓園的死亡氣息來補充能量，若有生人誤入，便會挖走他的心臟，作為點心食用。

獵到的心臟會經過內臟汁浸泡、醃製，以呈現絕佳風味，目前有上百罐的存量。

NAME 名稱	HEIGHT 高度	WEIGHT 重量
毒毛術士 MYDE-M10	**70** m／公尺	**105** mt／噸

系譜 巫術咒怨提煉系

成分分析｜防曬霜、棕櫚酸維他命 X、礦物腮紅加上大腳野人的眼淚 長的體毛，毒毛術士能把敵人纏著不放直到對方窒息 **必殺武力**｜可無限伸 **弱點**｜鏡子

愛美上班族，看到網路推薦一種來自深山的植物，據說只要敷在臉上，皮膚就會變美。於是她立刻買來用，一開始效果奇佳，幾天後臉卻長出毛來，怎麼除也除不掉，上班族無法忍受而跳樓自盡。相關單位一查，原來是被品質不良的化妝品毒害，深山植物為有毒異變，魔工院聞訊便接下個案幫她改造。

櫃姐是毒毛術士最喜歡的主食。

包覆在毛下面的觸手，可伸縮自如，捉捕獵物或攻擊敵人，都不是問題。

放大鏡下的毛髮，其實充滿小尖牙與有毒氣孔。

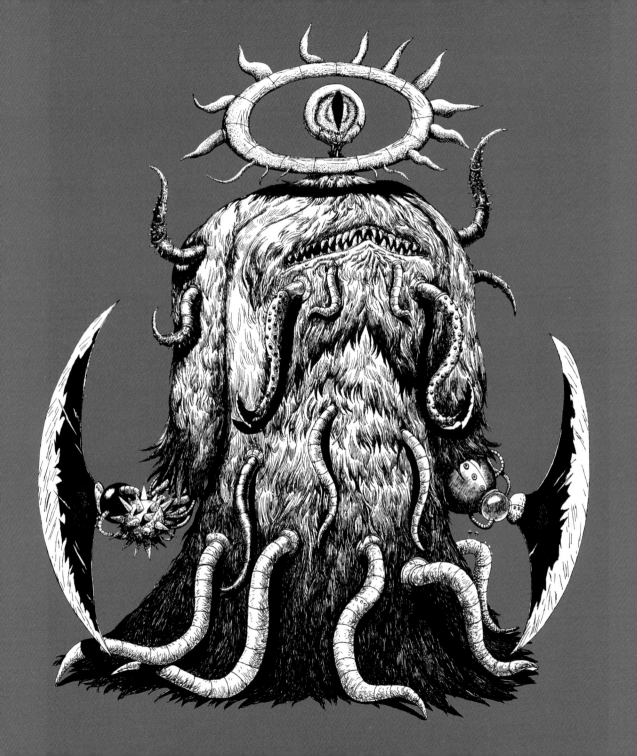

NAME 名稱	HEIGHT 高度	WEIGHT 重量
MYDE-M11 活死屍獸	59 m/公尺	133 mt/噸

| 系譜 | **巫術咒怨提煉系** | 成分分析 | 狗骨頭、蜥蜴尾、大角羊的鬍子和燉蝙蝠湯 | 必殺武力 | 驚人的口臭，充滿腐敗食物與死亡的味道，只要吹一口氣便能臭死上千人 | 弱點 | 超高頻哨子的聲音 |

老郵差深受社區眾家犬的喜愛，從沒被攻擊過，一直到他遇上因為吃了受汙染的毒飼料而發狂的狗。被咬後雖然打了狂犬病的針，但老郵差抵不過異變病毒的侵襲，全身變形，過於衰弱病故家中，被鄰人發現通報後，由魔工院改造成活死屍獸。

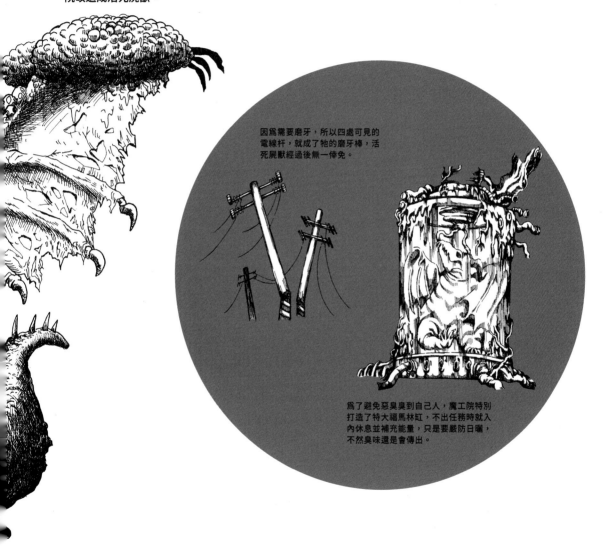

因為需要磨牙，所以四處可見的電線杆，就成了牠的磨牙棒，活死屍獸經過後無一倖免。

為了避免惡臭臭到自己人，魔工院特別打造了特大福馬林缸，不出任務時就入內休息並補充能量，只是要嚴防日曬，不然臭味還是會傳出。

NAME 名稱	HEIGHT 高度	WEIGHT 重量
恐怖毒眼獸 MYDE-M12	**58** m／公尺	**92** mt／噸

系 譜　**巫術咒怨提煉系**

成分分析｜幾十種動物眼球、蜈蚣腳、推銷員的嘴　**必殺武力**｜超大眼睛能發出黑色光線，照射到的人都會立刻失明　**弱點**｜洋蔥、辣椒粉

眼科醫師原本在小鎮上風評不惡，直到有天藥品推銷員推薦一款鄰國的問題新藥，他貪小便宜採購後，不久卽造成許多醫療糾紛，有的患者甚至瞎了，醫師因而官司纏身，有次上街還被病患家屬追打，慌亂中竟被卡車撞死！由於醫生沒有家人，遺體被改造成恐怖毒眼獸。

愛吃魚眼睛，據說可以以形補形。

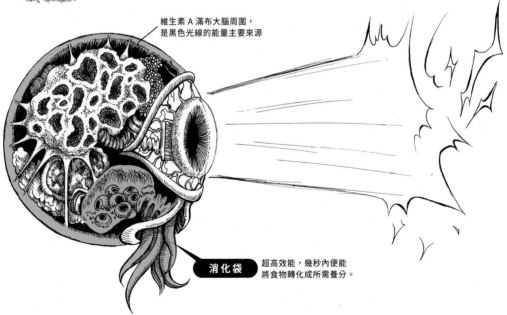

維生素 A 滿布大腦周圍，是黑色光線的能量主要來源

消化袋　超高效能，幾秒內便能將食物轉化成所需養分。

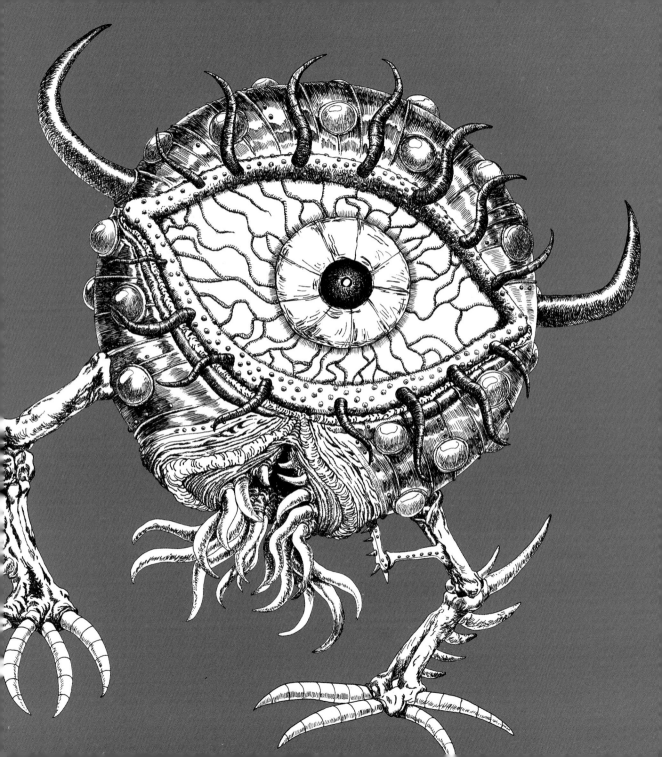

病原電波獸

MYDE-M13

HEIGHT 高度	WEIGHT 重量
71 m／公尺	**66** mt／噸

系譜 巫術咒怨提煉系 **成分分析**｜收音機、天然礦泉水、太陽能電池 **必殺武力**｜發出超強電磁波，位於輻射範圍內的人，腦子都會燒成白痴 **弱點**｜潔癖使她不願涉足骯髒的地區，且抗拒總部的指揮

熱門電台主持人以熱愛自然聞名，愛到住在郊區的山邊叢林中，生活更是追求原始風味，一切都由自然取得，只是他不知道該地區早爲鄰國汙染毒害了，水源、空氣、土壤無一倖免，因此健康嚴重受損，等到就醫已經來不及，過世後被改造成怪獸，向鄰國報仇。

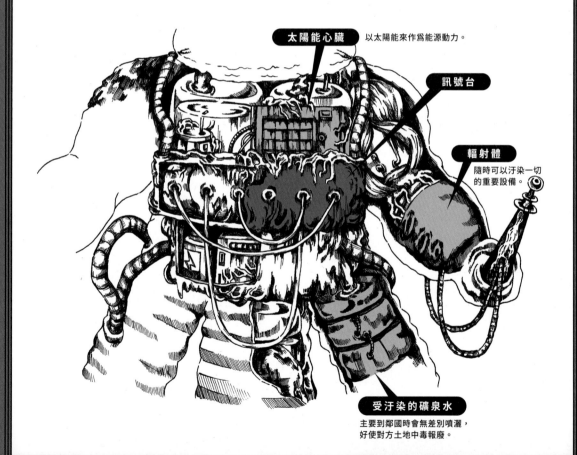

太陽能心臟 以太陽能來作爲能源動力。

訊號台

輻射體 隨時可以汙染一切的重要設備。

受汙染的礦泉水 主要到鄰國時會無差別噴灑，好使對方土地中毒報廢。

NAME 名稱		HEIGHT 高度		WEIGHT 重量	
假面獸 MYDE-M14		**53** m／公尺		**87** mt／噸	

系譜 **巫術咒怨提煉系** | **成分分析**｜皮膚病菌、孔雀羽毛、娃娃魚的鼻屎 **必殺武力**｜發出催眠波讓人產生幻覺然後被控制 **弱點**｜鹽水可以溶解牠的內臟

黑心富豪愛收集古董、名車,還有吃的體驗,像穿山甲、娃娃魚等都下肚過後還想要尋找更獨特的食材。一天他收到一隻完全陌生的生物,立刻煮來吃,吃後卻暴斃身亡,調查後發現那只是隻中毒異變的狗,因為富豪屍體也產生異變,魔工院便接手改造成了假面獸。

假面獸可任意改變自己的大小,有時會變小躲進民宅,甚至是兒童的玩具箱中,伺機發出催眠波再抓走兒童。

頭上的眼睛,是假面獸最脆弱的部分,一碰觸到即會讓牠失明三天才恢復正常。

NAME 名稱

MYDE-M15 殺蘿蔓貓

HEIGHT 高度
50 m/公尺

WEIGHT 重量
89 mt/噸

系 譜　**巫術咒怨提煉系**　**成分分析**｜貓的眼淚、多種軟體動物、新鮮蘿蔓生菜　**必殺武力**｜恐怖的喵叫聲，聞者將直接爆腦死亡　**弱點**｜木天蓼會使牠產生幻覺

公司女主管是愛貓人士，家裡養了 10 隻貓，愛貓成癖的她，甚至為了貓犧牲婚姻。平時她十分注重貓的飲食，卻不慎買到鄰國的有毒貓食，家裡整群貓都生病，連她自己也病倒還無藥可醫。於是在臨終前，她請求魔工院讓她能與愛貓一起向鄰國報仇，魔工院便將人、貓合成為殺蘿蔓貓。

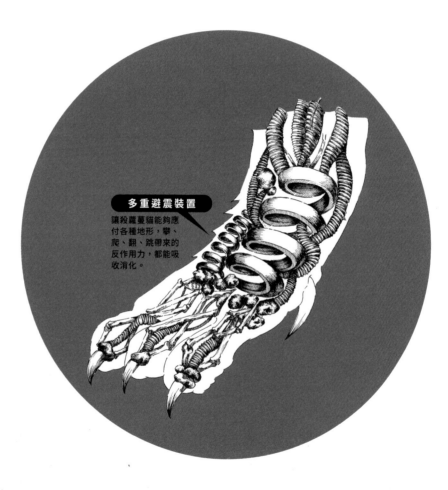

多重避震裝置

讓殺蘿蔓貓能夠應付各種地形，攀、爬、翻、跳帶來的反作用力，都能吸收消化。

NAME 名稱

MYDE-M16 催眠吸魂獸

HEIGHT 高度
70
m／公尺

WEIGHT 重量
85
mt／噸

系譜 **巫術咒怨提煉系** **成分分析**│貓頭鷹指甲、海星大便、碟型天線 **必殺武力**│發出催眠電波，接收到的人便會失魂加失眠 **弱點**│強烈光照

有長期失眠困擾的患者，試了許多方法皆無效，便去請醫生開藥，但效果很短，很快就失靈了。在尋找其他可能時，他找到一種神祕的草藥，據說吃了一定睡著，但他吃完卻一覺不醒，檢調把植物送驗，證實是受鄰國汙染突變的劇毒植物，不甘心的家人便讓魔工院接手改造成催眠吸魂獸。

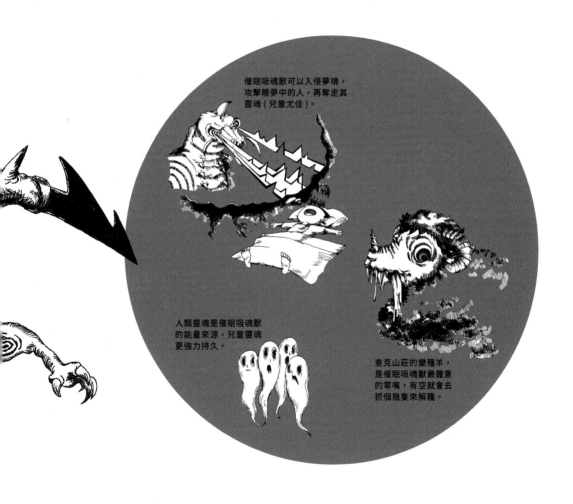

催眠吸魂獸可以入侵夢境，攻擊睡夢中的人，再奪走其靈魂（兒童尤佳）。

人類靈魂是催眠吸魂獸的能量來源，兒童靈魂更強力持久。

查克山莊的變種羊，是催眠吸魂獸最鍾意的零嘴，有空就會去抓個幾隻來解饞。

禁錮獸
MYDE-M17

65 m／公尺

110 mt／噸

系譜 **巫術咒怨提煉系**

成分分析｜憤怒的靈魂、鼓風爐、火蟻汁　**必殺武力**｜地獄怒火，可以燒盡眼前一切
弱點｜世界音樂與蒟蒻會使牠的頭腦與腸胃爆炸

以苦為樂的修行者，知道邊境山區被鄰國有毒排放物嚴重汙染，他便搬到汙染地，吃野外受汙染植物的果子，捉汙染河中的魚，喝來自汙染源的水，他自以為這是和大地一起承受，結果只換來中毒病危。臨終前他了找魔工院將自己改造，成為不斷釋放怒火的禁錮獸。

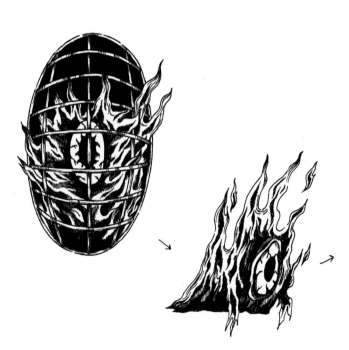

禁錮獸嗜吃一切火烤物，然後轉化成
腹中熊熊火焰，必要時還可以小火人
的姿態釋放出來，作為攻擊小奇兵。

NAME 名稱

MYDE-M18 腐爛蛛獸

HEIGHT 高度
57 m／公尺

WEIGHT 重量
92 mt／噸

系譜 **巫術咒怨提煉系** **成分分析**｜多種節肢動物、鱷魚與蜥蜴的眼睛 **必殺武力**｜吐出超強力蜘蛛絲，被擊中即會失去戰鬥力任其擺佈 **弱點**｜火會燒毀牠致命的毒毛刺，失去防衛能力

蜘蛛玩家，聽說邊境有異變蟲子，蜘蛛吃了會長得大又聰明，就去弄來餵蜘蛛，結果吃下後果真變得像狗一般大！還會跟人親近，玩家因此很開心，鄰居看見卻嚇得叫警察，警察一來，蜘蛛衝上前忠勇護主，反被開槍射殺，心有不甘的玩家找上魔工院，想讓蜘蛛以另種型態繼續存活，不久腐爛蛛獸便問世！

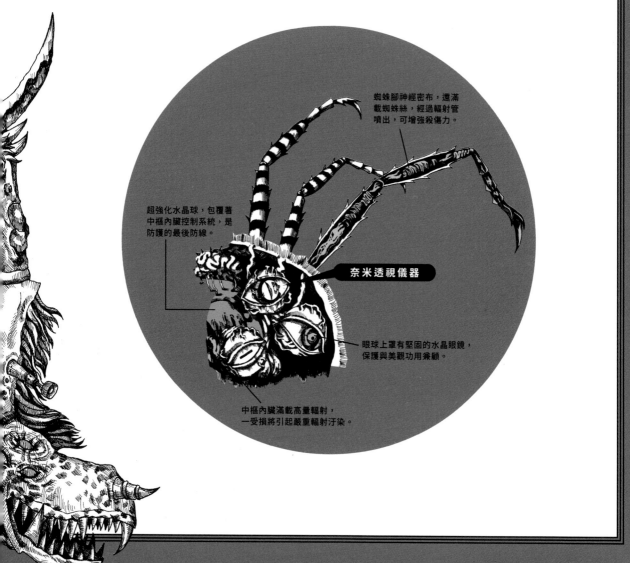

蜘蛛腳神經密布，還滿載蜘蛛絲，經過輻射管噴出，可增強殺傷力。

超強化水晶球，包覆著中樞內臟控制系統，是防護的最後防線。

奈米透視儀器

眼球上罩有堅固的水晶眼鏡，保護與美觀功用兼顧。

中樞內臟滿載高量輻射，一受損將引起嚴重輻射汙染。

噁噴獸

MYDE-M19

系譜 **巫術咒怨提煉系**

成分分析｜青蛙加蟾蜍的口水、百種昆蟲的腿毛何環境，讓敵人難以發現其存在，然後發動攻擊

必殺武力｜可以改變自體的顏色，融入任

弱點｜純天然植物性清潔劑

昆蟲專家獲報山區昆蟲大量減少，於是帶領研究團隊上山展開調查。到達後不僅不見昆蟲，連小動物也沒有，卻發現一隻大如大象般的變色龍，判斷是汙染引起的異變，專家想捉牠，卻不幸反被吞噬！組員便開槍射殺，事後屍體被魔工院改造成為噁噴獸。

泡油坑是噁噴獸最愛的事，沒事就會去泡著。

噁噴獸泡油坑時，會順便用腹部的吸收孔儲油，到了夜晚出油坑後，再去攻擊敵人，等敵人被油溶解即吃下肚。

NAME 名稱	HEIGHT 高度	WEIGHT 重量
暴風雷獸 MYDE-M20	**65** m／公尺	**111** mt／噸

系譜 巫術咒怨提煉系   **成分分析**｜百分百天然棉、鋅、二氧化錳、鋅、氧化汞、鎘、氫氧化鎳   **必殺武力**｜充滿黴菌的雷電光束，一旦被擊中隨即發黴敗壞無法回復   **弱點**｜真空乾燥

水電工承包新建案工程，電線短路走火的意外卻頻傳，幾經調查在一戶地下室發現嚴重黴害包圍電線，他沒見識過黴菌會吃電線皮，驚訝之餘立刻除黴，不料黴菌居然攻擊他，水電工慌張倒退，不慎碰觸到裸露的電線被電死了。事後相關單位一查是汙染引起的黴菌異變！魔工院確認後即接下案件。

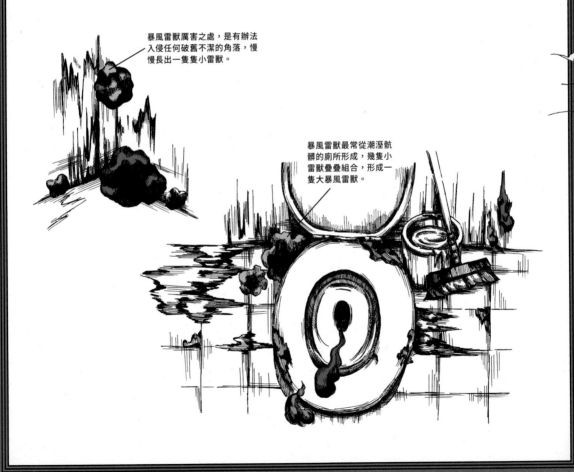

暴風雷獸厲害之處，是有辦法入侵任何破舊不潔的角落，慢慢長出一隻隻小雷獸。

暴風雷獸最常從潮溼骯髒的廁所形成，幾隻小雷獸疊疊組合，形成一隻大暴風雷獸。

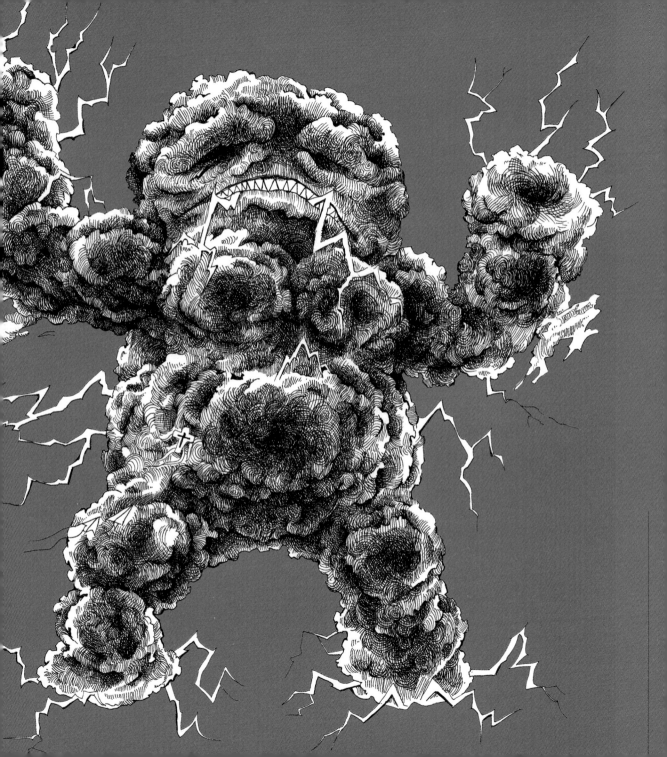

NAME 名稱	HEIGHT 高度	WEIGHT 重量
濃油黏死獸 MYDE-M21	69 m／公尺	97 mt／噸

系譜 巫術咒怨提煉系

成分分析｜海洋微生物、海獅的鬚子、葉綠素　**必殺武力**｜可以發出致命的惡臭，以及釋出有毒濃油，人一碰觸就會化成白骨　**弱點**｜碳酸氫鈉導致其保護身體的黏膜溶化而容易受傷

載有毒廢料的貨輪在海域擱淺漏毒，造成海岸生態嚴重汙染，因此政府出動所有人力處理，以及許多熱心民眾自動前去協助，解救受傷害的生物，但是毒性實在太強了，許多魚類、鳥類、珊瑚礁……統統救治不及，最後撈起數百具屍體，合併改造成強大的濃油黏死獸。

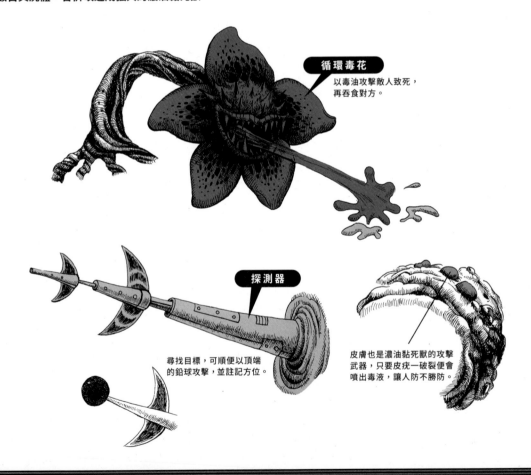

循環毒花
以毒油攻擊敵人致死，再吞食對方。

探測器
尋找目標，可順便以頂端的鉛球攻擊，並註記方位。

皮膚也是濃油黏死獸的攻擊武器，只要皮疣一破裂便會噴出毒液，讓人防不勝防。

NAME 名稱	HEIGHT 高度	WEIGHT 重量
MYDE-M22 爛臭管嘴獸	59 m／公尺	104 mt／噸

系譜 **巫術咒怨提煉系**

成分分析｜汽車排氣管、海參的腸子、鯊魚的牙齒　**必殺武力**｜排放恐怖的汙染物，可以嚴重劣化空氣品質，讓人無法呼吸窒息而亡　**弱點**｜純氧會腐蝕牠的呼吸道

備受肯定的修車技工，最近有許多客戶來求助，說車狀況變差，經他一番研究後發現問題在劣質機油，因此不僅告知車主，也跟相當單位反映，專家查證後得知機油是產自鄰國，便全面禁賣。但事發後沒幾天，技工陳屍修車廠！死因是被灌食大量毒機油，魔工院獲報後神速介入，接著推出爛臭管嘴獸。

會吸食乾淨空氣，再進入穢氣循環管，轉換成烏煙瘴氣。

爛臭管嘴

魔爛扇
負責吹送烏煙瘴氣。

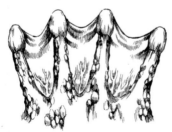

主食是車體與零件，因此就近住在廢車場，順便解決過量廢車問題，超強力帶蹼足能瞬間碾壓車體，廢車場連碎車機都不必添購。

NAME 名稱	HEIGHT 高度	WEIGHT 重量
金瓜屠夫 MYDE-M23	62 m／公尺	80 mt／噸

系譜 巫術咒怨提煉系

成分分析｜南瓜籽、大馬士革鋼、魔力紅膠 **必殺武力**｜吐出的南瓜籽若擊中目標會爆炸，之後地面還會長出有毒的南瓜 **弱點**｜寄生天牛卵孵化後會吃光南瓜籽

創業屢敗的實業家，在萬聖節前夕由鄰國進口南瓜軟糖意外大受歡迎，讓他狂賺一筆，只是好景不常，軟糖卻被驗出受到汙染，對人體有害，他大受打擊，負氣吃下一大桶軟糖，竟讓他變成南瓜怪人，忿恨難平的他去到魔工院，要求徹底改造，好向鄰國報仇而成南瓜屠夫。

螺旋鑽
隱藏在帽子底下，一見對方不留神，就會馬力全開鑽爆對方。

夜光眼
除了可望遠看近，還可發出光線，猶如手電筒的功能。

衝動腦
專門使金瓜屠夫保持衝動，無法冷靜，然後不顧一切搞破壞。

暴怒腦
藉由不停發怒來激發驚人爆發力。

大馬士革鋼斧

南瓜籽囊袋
吐出的南瓜籽擊中目標會爆炸，是金瓜屠夫的祕密武器之一。

毒液腺
儲存了大量的毒液，據說只要被噴到一滴，就會癱瘓昏迷。

減震關節
爬樓梯跳高樓都不怕的優化裝置。

NAME 名稱	HEIGHT 高度	WEIGHT 重量
MYDE-M24 **舔死獸**	**63** m／公尺	**76** mt／噸

系譜 **巫術咒怨提煉系**

成分分析｜強力膠質、不銹鐵、海綿鈣、聚乙烯醇 **必殺武力**｜十萬匹馬力的舌頭轉速，加上超黏口水，只要被牠舔到，就會頭昏眼花、神經失常，如果不立刻清洗，還會溶解成血水
弱點｜用柑橘、醋、辣椒攻擊其舌頭，舌頭會無法耐受辣度而脫落，喪失攻擊力

小學五年級的女孩，跟一隻小狗感情特別好，這天女孩放學回家，照慣例帶著小狗到附近的公園散步，卻遇上綁架。小狗護主心切，神勇地撲咬綁匪，雖然成功阻止綁架行動，卻身受重傷奄奄一息，女孩見狀傷心欲絕，便請求父母幫忙，最後找上魔工院介入，讓小狗以另一種形態延續生命，即成了舔死獸。

超黏口水難以去除，並帶有難聞氣味，倖存者會臭到 10 個月內無人能接近。

溶解後的血水，基本上是滋養大地的最佳肥料。

NAME 名稱	HEIGHT 高度	WEIGHT 重量
孿生怪獸 MYDE-M25	**62** m／公尺	**125** mt／噸

系譜 **巫術咒怨提煉系**　**成分分析**｜海參的觸手、旗魚的背鰭、黯黑毒蘑菇　**必殺武力**｜一接觸到牠的有毒觸手，全身會癢得受不了，嚴重到會把自己的皮扒下　**弱點**｜高溫烈焰

原本生活平淡的雙胞胎，國中時父母因為做生意的關係，全家移民到了鄰國，在當地就學後被霸凌，出手反擊卻遭到一群同學追打，兩人逃到頂樓，一不留神相繼墜樓身亡！事後自責不已的父母，帶著他們的遺體搬回本國，並與魔工院連繫，將雙胞胎捐出好讓他們重生，魔工院就以他們改造出孿生怪獸。

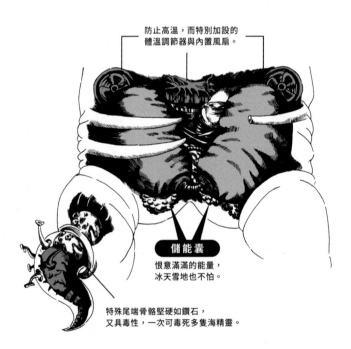

防止高溫，而特別加設的體溫調節器與內置風扇。

儲能囊
恨意滿滿的能量，
冰天雪地也不怕。

特殊尾端骨骼堅硬如鑽石，
又具毒性，一次可毒死多隻海精靈。

因為怕熱，大半時間是住
在格陵蘭的庫魯薩克島。

主食
藏身冰山縫隙的海精靈，
補充吸油、食肉能量。

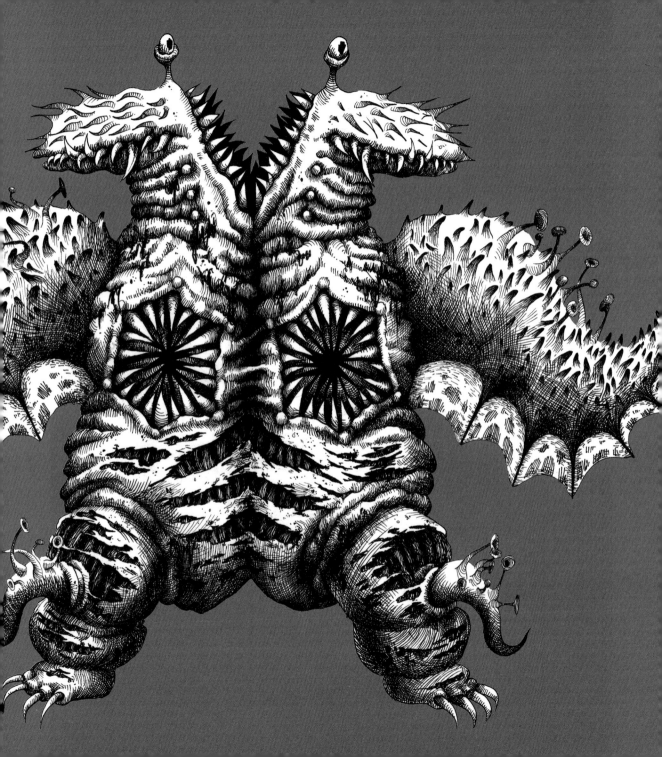

NAME 名稱

MYDE-M26 魔瘋輪

HEIGHT 高度
58
m／公尺

WEIGHT 重量
99
mt／噸

系譜 **巫術咒怨提煉系** **成分分析**｜骨質、磷、鋁、鎂 **必殺武力**｜兩眼放出的地獄之火，高達 10 萬度高溫，無人能抵擋 **弱點**｜將氮氣充滿其肺臟

刻苦刺青師，在大師調教下參加比賽奪冠，大師便幫助他開店，爲報答恩情，他便把師父的骷髏標誌，加上熱愛的重機，畫成店標取名「魔瘋輪」。一日鄰國對手寄來墨水作爲賀禮，他沒多想就拿來試針，不料當場暴斃，突變成復仇的魔瘋輪。

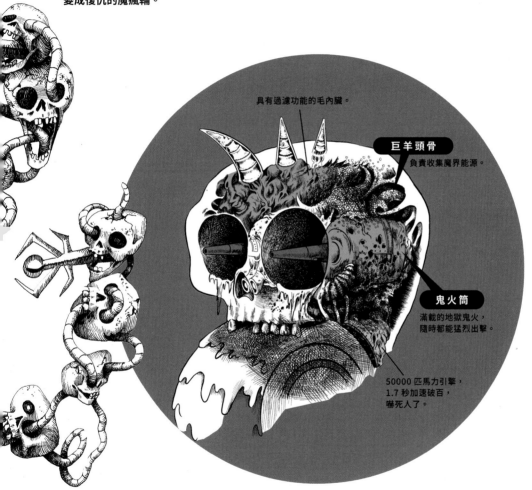

具有過濾功能的毛內臟。

巨羊頭骨
負責收集魔界能源。

鬼火筒
滿載的地獄鬼火，隨時都能猛烈出擊。

50000 匹馬力引擎，
1.7 秒加速破百，
嚇死人了。

NAME 名稱	HEIGHT 高度	WEIGHT 重量
夢招來怪獸 MYDE-M27	50 m／公尺	115 mt／噸

系譜 **巫術咒怨提煉系** **成分分析**｜毒奶粉、膠原蛋黃、蛇骨粉 **必殺武力**｜手上的蛇毒，一擊中對手便會昏睡陷入無止盡的噩夢 **弱點**｜搖籃曲

新手媽媽為省錢，看到鄰國嬰兒奶粉便宜就買了，不料嬰兒喝了開始生病，到醫院後聽說最近很多案例，都是喝同個牌子的奶粉生病。媽媽們急得要命，但小朋友們未能度過難關。於是媽媽們串連起來，將小朋友們的遺體送交魔工院，經過一番努力，造出夢招來怪獸，讓他們去鄰國復仇。

蛇口中有毒液發射口，就連舌頭上也有毒液分泌孔，被噴到或舔到的下場一樣慘。

體內毒氣來自毒奶粉，與小朋友們源源不絕的怨恨。

NAME 名稱	HEIGHT 高度	WEIGHT 重量
MYDE-M28 暴食壺怪	51 m／公尺	111 mt／噸

系譜 巫術咒怨提煉系

成分分析｜黑毒酵素、紅白膠質、代糖化合物　**必殺武力**｜只要被纏住，就會被所釋放的毒素毒害，而產生一種幸福感，任由其啃食也不抵抗　**弱點**｜飢餓

大胃王比賽，本地勇者要挑戰鄰國冠軍，比賽那天戰況很激烈，最後看誰最快吃掉 80 個甜甜圈就獲勝，勇者想著要為國增光，便不顧一切地狂吃，到最後鄰國冠軍竟先棄權，勇者一時開心沒留神，竟然被噎死。就這樣充滿遺憾的冠軍，變成吞食一切的暴食壺怪。

暴食壺怪最愛的食物

甜甜圈，一天可以吃掉一卡車；香香的小嬰兒也是他的心頭好，一口氣吃十幾個不是問題。

暴食壺怪釋放的毒素煙霧，具有雷達功能，可以自動搜尋小嬰兒，任何角落都逃不過。

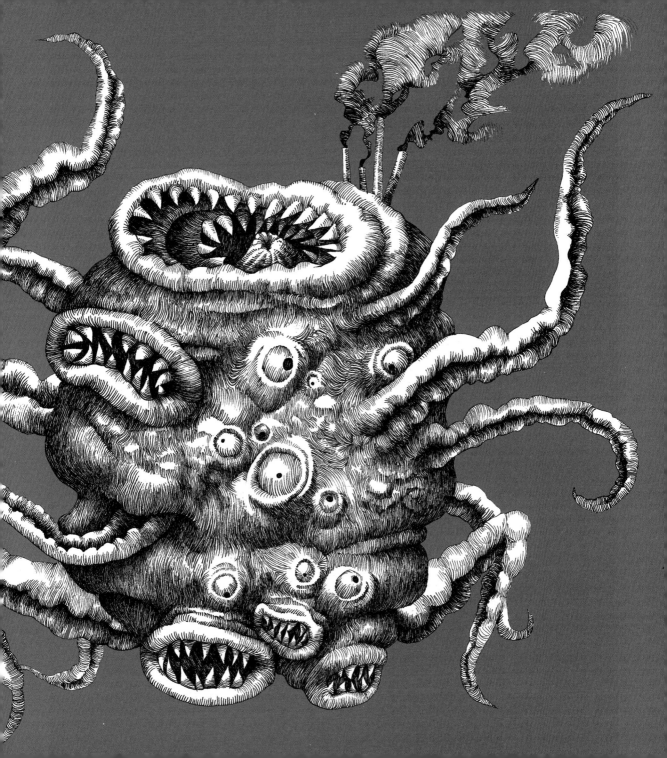

NAME 名稱	HEIGHT 高度	WEIGHT 重量
吞旋怪 MYDE-M29	**63** m／公尺	**83** mt／噸

系譜 **巫術咒怨提煉系** **成分分析**｜二氧化毒、合成海星素、碳金化合物 **必殺武力**｜自體高速旋轉時，會吸走對手的能量與能力，再轉換爲回擊對方的武力 **弱點**｜鬆軟的沙地會使牠愈陷愈深，無法動彈

魔法迷始終學不會法術，便在網路上找其他方法，他看到鄰國拍賣網在賣魔法書還保證有效，立刻購買，拿到書後依樣畫葫蘆，但魔法沒練成，道具蠟燭卻碰倒一地，引起火災之外人也被燒成重傷，魔工院將他改造成魔力強的吞旋怪。

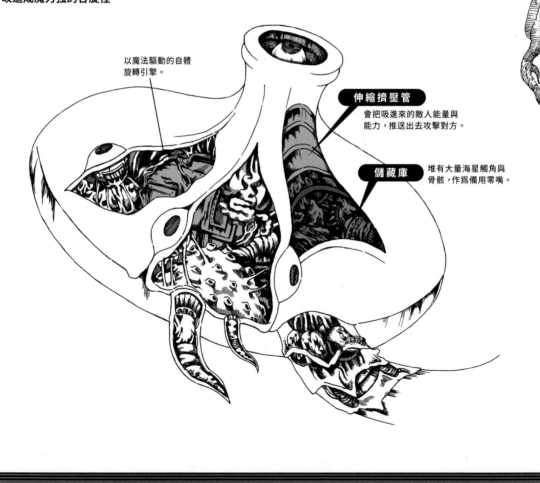

以魔法驅動的自體旋轉引擎。

伸縮擠壓管
會把吸進來的敵人能量與能力，推送出去攻擊對方。

儲藏庫
堆有大量海星觸角與骨骸，作爲備用零嘴。

NAME 名稱	HEIGHT 高度	WEIGHT 重量
MYDE-M30 變晶石怪	68 m／公尺	120 mt／噸

系譜 **巫術咒怨提煉系** **成分分析**｜二氧化矽、合成樹脂、鋁　**必殺武力**｜釋放紫色煙霧讓吸到的人即刻變成石像
弱點｜高頻音波使石化部分粉末化

地質學博士，除了上課教學外，也熱衷踏勘採樣，日前一顆大隕石從天而降，砸出個大隕石坑，相關單位即刻通知他到場，博士一到便興奮衝向隕石，但此時隕石發出強烈紫光，將博士瞬間石化，經過醫生與生化專家檢驗，都救不回博士，博士演變成變晶石怪。

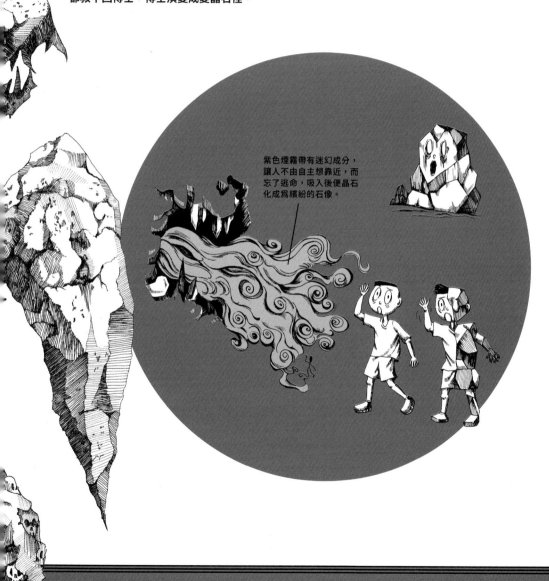

紫色煙霧帶有迷幻成分，讓人不由自主想靠近，而忘了逃命，吸入後便晶石化成為繽紛的石像。

NAME 名稱	HEIGHT 高度	WEIGHT 重量
MYDE-M31 **複眼觸鬚獸**	**67** m／公尺	**90** mt／噸

系譜 | **巫術咒怨提煉系** | **成分分析**｜X毒素、蚯蚓腸、蒟蒻絲、DDT | **必殺武力**｜無 | **弱點**｜腹部口器

一個雨夜，女廚師在廚房發現一隻長滿觸鬚的怪蟲，女廚師邊尖叫邊用殺蟲劑攻擊，但怪蟲非常敏捷，不僅躲過攻擊，還跳進女廚師口中，女廚師即刻暈倒被送到醫院。魔工院也獲邀協助，卻無法以魔法逼出怪蟲，一檢驗是受汙染異變的蚰蜒寄生，只好將蚰蜒連同女廚師一起融合成複眼觸鬚獸。

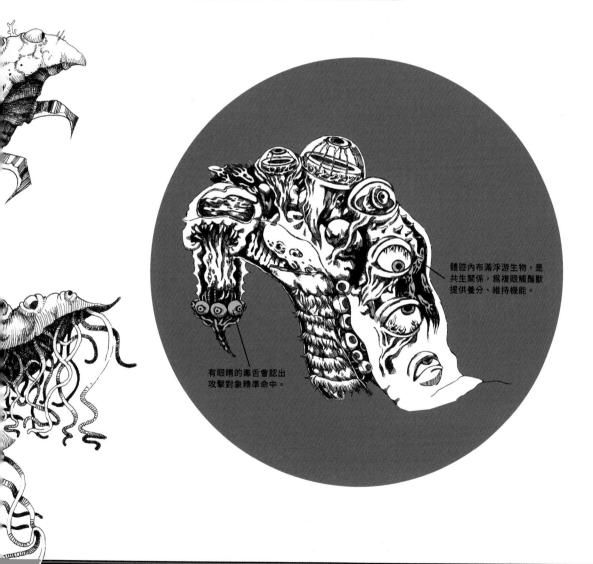

體腔內布滿浮游生物，是共生關係，爲複眼觸鬚獸提供養分、維持機能。

有眼睛的毒舌會認出攻擊對象精準命中。

catch
秘密耳語之怪獸圖鑑

原　　作　王登鈺 Fish Wang
文　　字　張清龍、王登鈺 (P3-P5)
繪　　者　煙囪精靈

周妍｜1997年出生於台北，現在就讀彰化師範大學美術學系，平常專攻油畫等平面繪畫創作，興趣休閒是畫手帳、小插圖還有追劇。

王宣婷｜我是畫質感、其他東東。平常喜歡畫貓貓，還有做手工藝跟模型。怪獸畫起來要好久喔喔喔喔
FB 杉貓

黏｜任職於煙囪文化創意有限公司，最喜歡畫畫也熱衷於閱讀漫畫與輕小說，被興趣制約的月光族，最近期許自己能活得更勤勉……
IG yun_ni_aan
Twitter yun_ni_aan

林育生｜1994年生，讀過師大附中和北藝大動畫系。現在任職於煙囪動畫公司。喜歡影像和平面類型的創作，休閒娛樂是打電動。

楓泠太｜畢業於台北藝術大學動畫學系，上過三次電視得過三次獎，最近發現兔子才是摸得到的幸福，於是變成煙囪裡的兔系精靈。

Hiho Lin｜勉強活在動畫界裡，跟過一個電影製作跟一些短片製作，努力成為一個勤奮的園丁。
IG hiholin

昆一 Kuen Yi｜目前為煙囪動畫的一員。圖鑑的部分只參與了一點點，卻有幸成為煙囪小精靈。覺得畫怪獸是開心的事！
IG racu11046

製作協調　　林品宏、唐以庭

贊助單位　

副總編輯｜林怡君　編輯｜賴佳筠　美術設計｜林育鋒　內頁排版｜黃雅藍　出版——大塊文化出版股份有限公司　台北市105022南京東路四段25號11樓
www.locuspublishing.com　讀者服務專線：0800-006689　TEL：(02)87123898　FAX：(02)87123897　郵撥帳號：18955675　戶名：大塊文化出版
股份有限公司　總經銷——大和書報圖書股份有限公司　新北市新莊區五工五路2號　TEL：(02) 89902588　FAX：(02) 22901658　法律顧問——董安丹
律師、顧慕堯律師　ISBN 978-986-5549-29-9（平裝）　　初版一刷：2020年12月　定價：新台幣450元

秘密耳語之怪獸圖鑑 / 王登鈺 (Fish Wang) 原作；張清龍文字；煙囪精靈繪‧——初版‧——臺北市：大塊文化出版股份有限公司, 2020.12　180 面；19X20
公分‧——(catch；263) ISBN 978-986-5549-29-9(平裝) 1. 妖怪　298.6　109018067